路桥工程检测技术与实践

孟庆贺 何 剑 梁 嘉 主编

北京工业大学出版社

图书在版编目（CIP）数据

路桥工程检测技术与实践 ／ 孟庆贺，何剑，梁嘉
主编 ． — 北京 ： 北京工业大学出版社，2021.9（2022.10重印）
ISBN 978-7-5639-8125-0

Ⅰ．①路… Ⅱ．①孟… ②何… ③梁… Ⅲ．①道路工
程－检测②桥梁工程－检测 Ⅳ．① U41 ② U446

中国版本图书馆 CIP 数据核字（2021）第 201282 号

路桥工程检测技术与实践
LUQIAO GONGCHENG JIANCE JISHU YU SHIJIAN

主　　编：孟庆贺　何　剑　梁　嘉
责任编辑：张　娇
封面设计：知更壹点
出版发行：北京工业大学出版社
　　　　　（北京市朝阳区平乐园 100 号　邮编：100124）
　　　　　010-67391722（传真）　bgdcbs@sina.com
经销单位：全国各地新华书店
承印单位：三河市元兴印务有限公司
开　　本：710 毫米×1000 毫米　1/16
印　　张：11.25
字　　数：225 千字
版　　次：2021 年 9 月第 1 版
印　　次：2022 年 10 月第 2 次印刷
标准书号：ISBN 978-7-5639-8125-0
定　　价：60.00 元

作者简介

孟庆贺（1987.11.20— ），河南商丘人，研究生学历，路桥工程师。毕业于长安大学，现任职于广州诚安路桥检测有限公司。主要研究方向为：基桩无损、抽芯检测、桥梁与隧道定检、地基承载力。

何剑（1990.7.8— ），湖北黄冈人，研究生学历，路桥工程师。毕业于长安大学，现任职于广东交科检测有限公司。主要研究方向为：基桩检测、桥梁动静载试验、桥梁技术状况定期检查与评定。

梁嘉（1989.8.15— ），广东湛江人，本科学历，路桥工程师。毕业于长沙理工大学，现任职于广州诚安路桥检测有限公司。主要研究方向为：桥梁检测、桥梁监测、道路检测。

前　言

　　近年来，随着我国经济的迅猛发展和城市化建设的不断推进，路桥工程建设越来越频繁，对于城市交通以及老百姓的日常出行而言，路桥工程的重要性不言而喻。唯有建设好路桥工程，提升路桥工程的施工质量，才能为老百姓的出行安全提供保障。然而，通过对路桥工程质量的检测来看，目前的工程建设中仍存在种种质量问题，因此，更需要加快路桥工程检测技术的发展，为路桥工程的施工质量把好最后一道关。

　　全书共六章。第一章为绪论，主要阐述了桥梁建筑的历史与现状、桥梁的基本组成与分类、桥梁的总体规划与设计、路桥检测的重要性四部分内容；第二章为桥涵混凝土检测技术，主要阐述了混凝土强度无损检测、混凝土结构强度半破损检测、混凝土结构缺陷检测三部分内容；第三章为桥梁荷载试验，主要阐述了桥梁静载试验、桥梁动载试验、旧桥检测与评估三部分内容；第四章为地基与基础试验检测，主要阐述了地基承载力检测、钻孔灌注桩检测、桩身完整性检测、基桩承载力检测四部分内容；第五章为桥梁技术状况评定，主要阐述了桥梁基本知识、桥梁检查、桥梁技术状况评定三部分内容；第六章为桥梁施工控制与健康监测技术，主要阐述了桥梁施工控制的工作内容、桥梁健康监测技术及应用两部分内容。

　　全书由孟庆贺统稿，并担任第一主编，负责编写第二章、第五章，共计 7 万字；何剑担任第二主编，负责编写第三章、第四章，共计 7 万字；梁嘉担任第三主编，负责编写第一章、第六章，共计 6 万字。

　　为了确保研究内容的丰富性和多样性，编者参考了大量理论与研究文献，在此向涉及的专家学者表示衷心的感谢。

　　限于编者水平，加之时间仓促，本书难免存在一些不足之处，恳请读者朋友批评指正！

目 录

第一章 绪 论

随着我国建设行业的不断发展，路桥工程也取得了较为迅速的发展，对路桥工程检测的发展也起到了一定程度的促进作用。本章分为桥梁建筑的历史与现状、桥梁的基本组成与分类、桥梁的总体规划与设计、路桥检测的重要性四个部分，主要包括我国桥梁建筑的发展、国外桥梁建筑的发展，桥梁建筑工程的展望，桥梁的组成部分，桥梁的分类，桥梁总体规划与设计的基本原则与程序，桥梁的平、纵、横断面设计，路桥检测的重要性等方面。

第一节 桥梁建筑的历史与现状

一、我国桥梁建筑的发展

（一）古代桥梁建筑

1. 古代桥梁建筑的起源

简单地说，桥是架空的道路。建桥最主要的目的，就是解决跨水或者越谷的交通问题，以方便人们通行，便于工具的运输。从最早或最主要的功用来说，桥应该是专指跨水行空的道路。故清朝经学家段玉裁在《说文解字注》中的注释为："梁之字，用木跨水，今之桥也。"这说明桥的最初含义是指架木于水面上的通道，以后才逐渐引申为架在悬崖峭壁上的"栈道"和架于楼阁宫殿间的"飞阁"等天桥形式。现今，桥依然在城市交通中发挥着重要作用，平地起桥（立交桥），贯通东西南北，不仅有助于缓解交通拥堵，还成为现代化城市中一道亮丽的风景。中国古今桥梁的科学技术，不少都曾走在世界桥梁建筑的前列，许多桥梁样式仍继续对世界桥梁建筑产生影响。同时，它又是活的文物瑰宝，记载着许多珍贵的资料。

中国桥梁建筑历史悠久，文化灿烂，早在新石器时代就出现了"桥"的雏形：大禹治水时就有"鼋鼍以为桥梁"，即在河中堆积大小卵石，石上架木，而成为我国最原始的石梁桥。据文献记载，在西安半坡村距今五六千年前的原始社会村落遗址中，发现了原始的木梁桥。历史记载最早的、具有真正建筑意义的桥梁，是距今三千年的渭水浮桥，是周文王为迎亲而临时搭建的，《诗经》也有周文王在渭水上"架舟为梁"的描写。公元前257年，秦昭襄王修建的黄河大浮桥（位于今山西永济市境内），则充分显示出中国古代先民建桥技术的成就。现存最早的石拱桥梁是隋朝李春设计建造的赵州桥。

2. 古代桥梁的产生与发展

自然界由于地壳运动或其他自然现象的影响，形成了不少天然的桥梁形式，如浙江天台山横跨在瀑布上的石梁桥，江西贵溪因自然侵蚀而成的石拱桥（仙人桥）以及小河边因自然倒下的树干而形成的"独木桥"，或两岸藤萝纠结在一起构成的天然"悬索桥"等。人类从这些天然桥中得到启示，便在生存的过程中不断仿效自然。开始时大概是利用一根木料架在小河上，或在氏族聚居群周围的壕沟上搭起一些独木桥（桥之所以始称"梁"，也许便和这种横梁而过的形式有关），或在窄而浅的溪流中，用石块垫起一个接一个略高出水面的石蹬，构成一种简陋的"跳墩子"石桥（后来，园林中多仿此原始桥式，称"汀步桥""踏步桥"）。这些"独木桥""跳墩子桥"便是人类建筑中最原始的桥梁，以后随着社会生产力的发展，才逐渐产生了各种各样的桥梁形式。

我国古代桥梁大致经历了四个发展阶段。

第一阶段以西周、春秋为主，包括此前的历史时代，这是古桥的创建时期。此时的桥梁除原始的独木桥和汀步桥外，主要有梁桥和浮桥两种形式。当时由于生产力水平落后，多数桥梁只能建在地势平坦、河面不宽、水流平缓的地段，形式上也只能是一些木梁式的小桥；而在水面较宽、水流较急的河道上，则多采用浮桥。

第二阶段以秦代、汉代为主，包括战国和三国时期，是古代桥梁的发展时期。秦汉时期是我国建筑史上一个璀璨夺目的发展阶段，这一时期，人们不仅发明了建筑使用的砖，而且还创造了以砖石结构体系为主体的拱券结构，从而为后来拱桥的出现创造了先决条件。战国时铁器的出现，也促进了建筑对石料的利用，从而使桥梁在原来木梁桥的基础上，增添了石柱、石梁、石桥面等新构件。不仅如此，它的重大意义还在于使石拱桥应运而生。石拱桥的创建，在中国古代建桥史上无论是实用方面，还是经济、美观方面都具有划时代的意义。石梁、石拱桥的大发展，不仅减少了维修费用、延长了桥的使用时间，还提高了结构理论和施工技术的科学水平。因此，秦汉建筑石料的使用和拱券技术的出现，实际上是桥梁建筑史上的一次重大革命。从一些文献和考古资料来看，大约在东汉时，梁桥、浮桥、索桥和拱桥这四大基本桥型就已全部形成。

　　第三阶段以唐、宋时期为主，包括两晋、南北朝、隋、五代时期，这是古代桥梁发展的鼎盛时期。隋唐时期国力较之秦汉时期更为强盛，唐宋两代又取得了较长时间的安定统一，工商业、运输业以及科学技术水平十分发达，是当时世界上最先进的国家。东晋以后，由于大量汉人贵族官宦南迁，经济中心从黄河流域移往长江流域，使东南水网地区的经济得到很大发展。经济和技术的大发展，又反过来刺激了桥梁建设的大发展。因此，这一时期创造出许多举世瞩目的桥梁，如隋代石匠李春首创的敞肩式石拱桥——赵州桥，北宋废卒发明的叠梁式木拱桥——虹桥，北宋泉州知府蔡襄主持兴建的用筏形基础、植蛎固墩的泉州万安桥等。这些桥在世界桥梁史上都享有盛誉，尤其是赵州桥，类似的桥在世界其他国家中，晚了 7 个世纪方才出现。纵观中国桥梁史，几乎所有的重大发明和成就，以及能争世界第一的桥梁，都是此时创建的。

　　第四阶段为元、明、清三朝，这是桥梁发展的饱和期，几乎没有什么大的创造和技术突破。这时的主要成就是对一些古桥进行修缮和改造，并留下了许多修建桥梁的施工说明文献，为后人提供了大量的文字资料。此外，也完成了一些像明代江西南城的万年桥、贵州的盘江桥等建造技术高超的建筑。同时，在川滇地区兴建了不少索桥，其建造技术也有所提高。到了清末，随着我国第一条铁路的通车，我国迎来了桥梁史上的又一次技术大革命。

3. 古桥梁建筑类型

古桥梁建筑按结构形式可分为梁式桥、拱桥、悬索桥和浮桥。

（1）梁式桥

梁式桥是指用梁或桁架梁作为主要承重结构方式架起的桥梁，是桥梁建筑的基本体系，梁架技术是中国古代建桥的手段之一。梁式桥在我国古桥建筑中所占的比例较大，出现的年代很早。春秋时期的齐国故城留有桥梁建筑的遗迹，而现有记载中，横跨渭水的渭桥在秦建都咸阳时就已经出现。西汉时，桥梁建筑发展为石梁石柱式。梁式桥的代表作是福建的洛阳桥、安平桥和西安的灞桥。

（2）拱桥

拱桥在东汉时期已经出现，是用拱圈或拱肋作为主要承重结构方式建起的桥梁。拱形设计的科学与美学是中国古代桥梁建筑艺术对世界的独特贡献，是中国建筑文化最具有民族特色的艺术精华，直到今天依旧让世人赞叹不已。江西南城的万年桥是中国最长的连拱石桥。

（3）悬索桥

悬索桥是我国西南地区、西北地区因所在地河流湍急，无以立柱墩，便以竹、藤、铁等绞索为链，悬承木板，腾空跨越的一种极具少数民族地方建筑色彩的桥。中国最早的铁索桥是北魏神龟二年（519年）建在今新疆境内的北魏悬索桥。四川都江堰的安澜桥（珠浦桥）和泸定桥是中国悬索桥的代表。

（4）浮桥

浮桥，古称舟梁，为临时性桥梁，因是用船舟来代替桥墩，所以有"浮航""舟桥""浮桁"之称。浮桥由于架设简便，成桥迅速，在军事上时常应用，因此又被称为"战桥"。

浮桥的结构有两种形式：一是传统形式，即在船或浮箱上架梁，梁上铺桥面；二是舟、梁结合形式，即舟（箱）体、梁、桥面板结合成一体，船只首尾相连成纵列式，或舟（箱）体紧密排列成带式。上、下游设置缆索锚碇，以保持桥轴线的稳定。桥两端设栈桥或跳板，以与岸边接通。为适应水位涨落，两岸还应设置升降栈桥或升降码头。

浮桥可说是大型桥梁的"先辈"。它是用船渡河的一个发展，又是向建造固定式桥梁的一个过渡，成为介于船和桥之间的一种渡河工具。浮桥可用于人行、公路、铁路。我国历代著名的浮桥有赣州古浮桥、泉州浮桥、柳州浮桥、永州浮桥、黄河浮桥等。

（二）近现代桥梁建筑

中华人民共和国成立后，我国的公路建设事业突飞猛进，桥梁建设也取得了很大的成就。特别是改革开放以来，我国社会主义现代化建设事业取得了举世瞩目的成就，公路交通的大力发展和西部大开发为路桥建设带来了良好的机遇。我国大跨径桥梁的建设进入一个辉煌的时期。我国相继建造了一大批结构新颖、技术复杂、设计和施工难度大且科技含量高的大跨径斜拉桥、悬索桥、拱桥、连续刚构桥等，积累了丰富的桥梁设计和施工经验。总体而言，我国桥梁的建设水平已进入世界先进行列。

1. 梁桥与刚构桥

钢筋混凝土与预应力混凝土梁桥或刚构桥在我国取得了很大的发展。对于中小跨径的梁桥或刚构桥（跨径在 20 m 以下），已广泛采用装配式钢筋混凝土板式或肋板式的标准化设计。这一类设计不但经济实用，施工方便，而且能加快建桥的速度。在我国装配式预应力混凝土简支梁桥的标准设计中，标准跨径一般为 25 m、30 m、35 m 和 40 m。1976 年建成的洛阳黄河公路大桥跨径为 50 m，全长达 3.4 km。2006 年建成的主跨为 330 m 的重庆石板坡长江大桥是我国跨度最大的预应力混凝土梁桥，目前跨度位居世界第一。

2. 拱桥

拱桥在我国有悠久的历史。在中华人民共和国成立初期，广大建桥技术人员继承和发扬了我国石拱桥建造的优良传统，因地制宜，就地取材，修建了大量经济、美观的石拱桥。目前，我国已修建跨径在 100 m 以上的石拱桥十余座，其中建于 2000 年的山西丹河石拱桥（跨度为 146 m）已被列入吉尼斯世界纪录。除石拱桥外，我国还建造和推广了不少新颖的拱桥结构。例如，1964 年建造的双曲拱桥具有材料省、造价低、施工简便和外形美观等优点，在路桥建设中得到了应用和推广，当时对加快我国路桥建设速度起了很大的推动作用。目前，我国跨径在 100 m 以上的双曲拱桥共有 16 座，其中最大跨径达 150 m（河南省前河大桥）。2009 年 4 月，主跨为 552 m 的重庆朝天门大桥建成通车，它是当时世界上跨度最大的钢桁架系杆拱桥。

在拱桥施工技术方面，除了有支架施工外，大跨径拱桥目前已广泛采用无支架施工。四川、贵州和湖南等省还采用转体法分别建成了跨径为 70 m 的肋拱桥和跨径达 200 m 的箱形拱桥等。

3. 斜拉桥

自 20 世 50 年代公路斜拉桥问世以来，这种结构合理、跨越能力大、外形美观的桥型就异军突起，发展迅猛。在 20 世纪 70 年代，我国开始探索和实践斜拉桥，修建了四川云阳汤溪河桥（主跨 76 m，1975 年，已废弃）和上海松江新五桥（主跨 54 m，1975 年）。至今，我国已成为世界上斜拉桥最多的国家，已建成跨度超过 400 m 的各类斜拉桥近 40 座。

在 20 世纪 80 年代，我国建成的跨度超过 200 m 的公路斜拉桥有上海泖港大桥（混凝土梁，主跨 200 m，1982 年）、济南黄河大桥（混凝土梁，主跨 220 m，1982 年）、山东东营黄河桥（钢梁，主跨 288 m，1987 年）、天津永和桥（混凝土梁，主跨 260 m，1987 年）、重庆石门桥（混凝土梁，独塔，主跨 200 m ＋ 230 m，1988 年）等。

进入 20 世纪 90 年代，斜拉桥向更大跨度发展。除混凝土梁和钢梁外，也开始采用结合梁（梁部是钢梁与混凝土桥面板的结合）和混合梁（桥的边跨梁段采用混凝土梁，中跨梁段采用钢梁）。跨度超过 400 m 的桥有上海南浦大桥（结合梁，主跨 423 m，1991 年）、上海杨浦大桥（结合梁，主跨 602 m，1993 年）、上海徐浦大桥（混合梁，主跨 590 m，1997 年）、郧阳汉江大桥（混凝土梁，主跨 414 m，1993 年）、铜陵长江大桥（混凝土梁，主跨 432 m，1995 年）、重庆长江二桥（混凝土梁，主跨 444 m，1995 年）、武汉长江二桥（混凝土梁，主跨 400 m，1995 年）、武汉长江三桥（混合梁，主跨 618m，2000 年）、福建青州闽江大桥（结合梁，主跨 605 m，2000 年）、南京长江二桥（钢箱梁，主跨 628 m，2001 年）、荆州长江公路大桥（混凝土梁，主跨 500 m，2002 年）、四川宜宾中坝大桥（独塔，混凝土梁，主跨 252 m，2003 年）、南京长江三桥（钢箱梁，钢塔，主跨 648 m，2005 年）、上海长江大桥（分离式钢梁，主跨 730 m，2009 年）、荆岳长江大桥（钢梁，主跨 816 m，2010 年）等。千米级的特大跨度斜拉桥包括苏通长江大桥（钢箱梁，主跨 1088 m，2008 年）和鄂东长江大桥（混合梁，主跨 926 m，2010 年）。这些桥梁的建成，使我国斜拉桥的设计施工水平位于世界领先地位。

由于结构刚度要求高，国内外斜拉桥用于铁路桥的实例很少，但随着桥梁技术的进步，人们已成功将斜拉桥应用于铁路桥梁。我国早期的铁路斜拉桥是广西红水河桥（混凝土梁，主跨 96 m，单线，1981 年）。2009 年建成的武汉天兴洲公铁两用桥（钢桁梁），主桥采用"双塔三索面斜拉桥"方案，主跨达 504 m，公路桥面为双向 6 车道，铁路桥面布置两条客运专线和两条货运线。该桥因其独特的设计和特有的施工技术，成为我国公铁两用桥建设史上新的里程碑。2012 年合龙的黄冈长江大桥，集城铁、国铁、高速公路三位一体，主桥为双塔钢桁梁斜拉桥，主跨达 567 m，桁梁为上宽下窄的倒梯形。

斜拉桥以其结构形式多样、造型挺拔飘逸而受到人们青睐。目前，我国常采用的是双塔双（密）索面（半）漂浮结构体系，主塔材料多采用预应力混凝土，主梁材料为预应力混凝土或钢或两者的组合，主梁截面为双主梁式、箱形、桁架等，采用悬臂方法施工。

在取得了双塔斜拉桥的建设经验、解决了体系刚度和长联的温度影响后，多塔斜拉桥的建设得到了进一步发展。1998 年建成的香港汀九桥为不等高三塔结合梁斜拉桥，分跨为 127 m ＋ 448 m ＋ 47 5m ＋ 127 m。接着，又有多座多塔斜拉桥建成或在建，如岳阳洞庭湖大桥（2000 年，三塔，主跨 310m，混凝土梁），宜昌夷陵长江大桥（2001 年，三塔，主跨 348 m，混凝土梁）等。2012 年通车的武汉二七长江大桥为三塔双索面结合梁斜拉桥，主跨达 616 m。浙江嘉绍大桥为 5 跨 428 m 的独柱式六塔斜拉桥，桥宽 40.5 m，联长达 2680 m。郴州赤石特大桥为四塔双索面预应力混凝土斜拉桥，最大跨度为 380 m，最高主塔达 287.6 m。

4. 悬索桥

悬索桥的跨越能力在各类桥型中是最强的。我国在 1997 年建成的香港青马大桥全长 2160 m，主跨达 1377 m，是香港 21 世纪标志性建筑。它把传统的造桥技术提升至极高的水平，宏伟的结构令世人惊叹，曾在世界 171 项工程大赛中荣获"建筑业奥斯卡奖"。2012 年通车的泰州长江大桥，其跨江主桥采用了主跨为 2×1080 m 的三塔两跨钢箱梁悬索桥，在世界上首次实现了三塔悬索桥跨径由百米向千米的突破。中塔采用纵向人字形、横向门式框架型钢塔，大节段制造和安装技术的采用在国内属首次。

如今，我国的交通事业和桥梁建设呈现出一个崭新的局面，具体体现在国道系统的畅通，高等级高速公路建设及现代化桥梁技术、桥型、美观度、跨越能力和施工管理水平的提高上。未来，我们还应不断努力，学习国外桥梁建筑的最新技术和已有成功经验，为我国社会主义桥梁建设做出应有的贡献。

二、国外桥梁建筑的发展

（一）古代桥梁建筑

如同中国的古代桥梁一样，国外的古代桥梁也以木、石为建筑材料，人们一般用木、石材料建造梁桥、浮桥、拱桥等。直至 18 世纪，人们才开始采用铸铁、锻铁建造桥梁。

据记载，公元前 600 年前后，巴比伦曾在幼发拉底河上建造石墩木梁桥，桥长 180 m。第一座在罗马跨越台伯河的苏布里齐桥，采用石墩木梁结构，建于公元前 621 年，毁于公元前 23 年。公元前 480 年，波斯王薛西斯曾在今天土耳其境内的达达尼尔海峡处修建浮桥两座，用于波希战争。据古罗马政治家恺撒所著的《高卢战记》记载，恺撒曾因行军需要，在莱茵河上修建了一座长度超过 300m 的木排架桥。在瑞士卢塞恩，始建于 1333 年的卡佩尔（Chapel）桥（廊桥）经多次修缮得以保存至今（1993 年遭受火灾后重建）。日本岩国市的 5 孔锦带木拱桥，跨度约为 35m，始建于 1673 年，1950 年重建，为日本著名古桥之一。18 世纪末至 19 世纪初，美国盛行建有屋盖（以保护木结构）的木梁桥。1812 年，在美国宾夕法尼亚州费城建成的拱和桁架组合木桥，跨度为 103.6 m，堪称空前。

据记载，世界上最古老的石拱桥是现伊拉克境内的尼姆罗德（Nimrod）桥（已不复存在），大约建于公元前 1800 年。在希腊，仍保留着公元前 1300 年建造的石拱桥雏形。现伊朗境内的提斯孚尔（Dizful）桥（遗迹），建于公元前 400—前 350 年，计 23 孔，跨径为 7 m，桥长 383 m，石拱，墩处开泄水孔。古罗马人十分善于建造石拱桥，他们发明了石灰砂浆和火山灰水泥，创造出木桩围堰用以建造河中基础。这个时期修建的石拱桥，拱圈呈半圆形，拱石经过细凿，砌缝一般不用砂浆。由于当时难以修建深水基础，桥墩过宽，阻水面积过大，因而所修建的跨河桥多已冲毁。罗马城外的米尔维奥桥，建于公元前 109 年，1806 年重建，原有的一部分拱跨（包括疏洪孔）仍保留至今。目前仍在使用的法布里奇奥（Fabricius）桥，位于罗马城内，建于公元前 62 年，两跨，桥长 62 m，宽 5.5 m，最大跨度为 24.5 m。西班牙境内的阿尔坎塔拉桥（6 孔石拱桥，最大跨度为 28.8 m，建于 104—106 年）因大部分桥墩建在岩石上，至今完好。

古罗马时代还修建了不少渡槽，其中最著名的是法国嘉德（Gard）水道桥。该桥建于公元前 167—前 158 年，呈三层半圆拱结构，最大跨度为 24 m；建成后约 400 年，桥两端被战争破坏，1670 年重建。

欧洲桥梁建设在中世纪（5—10 世纪）曾因封建割据而衰退。11—12 世纪，源于中亚和埃及的尖拱（拱石加工较粗，砌筑用石灰砂浆，拱弧在顶部往往形成尖角）被引入欧洲，用于教堂和桥梁建筑。1177—1187 年，在法国阿维尼翁建成的一座跨越罗讷河（隆河）的 20 孔（现只剩 3 孔）石拱桥，跨度为 30.8 ～ 33.5 m，曾驰名一时。英国在 1176—1209 年建成的跨越泰晤士河的伦敦老桥，也使用了 600 余年，直到 1826 年才被拆除。这一时期建造的桥梁，习惯在桥上设置教堂、神像、关卡、碉堡、商店、住房等。比较著名的桥梁有法国卡奥尔的瓦伦悌（Valentre）桥（6 跨带箭楼的石拱桥，跨度为 16.5 m，总长 138 m，1350 年）、意大利佛罗伦萨的维琪奥（Vecchio）桥（3 跨带桥屋的石拱桥，跨度为 29 m，1345 年）、捷克布拉格的查尔斯（Charles）桥（带神像雕塑的多跨石拱桥，最大跨度为 23.38 m，宽 10 m，长 515 m，1380 年）等。在文艺复兴时期，为使桥面纵坡平缓，以利交通，欧洲城市石拱桥的矢跨比（矢高与拱跨之比）明显降低，拱弧曲线相应改变，石料加工又趋精细。代表性的桥梁有佛罗伦萨的圣特里尼塔（Santa Trinita）桥（分跨为 29 m ＋ 32 m ＋ 29 m，矢跨比约为 1/7，1569 年）、威尼斯的里亚尔托（Rialto）桥（单孔，跨度为 26.6 m，矢跨比约为 1/4，1591 年）、巴黎新桥（桥长 232 m，桥宽 22 m，跨度为 9 ～ 16.4 m，12 孔，1607 年）等。欧洲石拱桥在 18 世纪达到最高水平。

（二）近代桥梁建筑

桥梁的发展与社会生产力的发展、工业水平的提高、施工技术的进步、力学理论的进展、计算能力的提高等都有着密切的关系。近代桥梁发展的重要时期是从英国工业革命到第一次世界大战前的"进步时期"，金属材料在这一时期逐渐替代天然的石料和木料成为桥梁的主要建筑材料。从理论奠基，到铸铁拱桥、悬索桥，以及钢桥和钢筋混凝土桥，桥梁不断向着更大跨度方向发展。

17 世纪以前，建筑材料基本上只限于土、石、砖、木等，采用的结构也较简单。人类自 17 世纪 70 年代开始使用生铁。1779 年，英国工程师设计建造了世界上第一座跨度 30.65 m 的铸铁拱桥——科尔布鲁克代尔桥，该桥也被称为"近代第一桥"。

1849 年，英国著名的工程师史蒂芬森创造了带系杆的拱桥，形成了"系杆拱桥"的新桥型。

19 世纪初，英国工程师约翰·威廉·史密斯兄弟设计建造了苏格兰柴伯尔修道院桥。此后，熟铁眼杆悬索桥逐渐向欧洲各国和美洲传布。

19 世纪，人们开始使用熟铁建造桥梁，由于这些材料自身的缺陷，桥梁的发展仍然受到限制。19 世纪中期，钢材的出现促使了土木工程的第一次飞跃。这一时期出现了根据力学设计的悬臂桥。英国人根据中国西藏木悬臂梁桥的构造形式，提出了锚跨、悬臂和悬跨三部分的组合设想。

1874 年，美国用钢材代替锻铁建造了第一座钢拱桥。随后，随着高强度钢材、钢丝的出现，钢结构得到蓬勃发展，结构的跨度也不断扩大，人们能够修建几百米直至千米以上特大跨度的跨海大桥。1890 年，英国建成了跨度达 521.2 m 的英格兰福斯桥，该桥为近代钢桥的代表作。

1869 年，德国工程师罗伯林主持建造了主跨达 486 m 的纽约布鲁克林大桥，该桥于 1883 年建成，为近代钢悬索桥的代表作。

20 世纪初，奥地利工程师米兰于 1888 年创立了悬索桥挠度理论。1912 年，移居美国纽约的立陶宛工程师莫西夫第一次用挠度理论设计了曼哈顿桥并获得成功。此后，美国各地采用挠度理论建成了多座大跨度悬索桥。

1940 年建成的华盛顿州塔科马海峡大桥主跨达 853 m，在风速仪测得风速为 67.5 km/h 的情况下，中孔及边孔相继被风吹垮，这一事件，促使人们研究空气动力学同桥梁稳定性的关系。

1875 年，法国工程师约瑟夫·莫尼尔（Joseph Monier）建造了第一座钢筋混凝土人行桥——沙泽勒（Chazelet）桥。1890 年，德国不来梅工业展览会上展出了一座跨径为 40m 的人行钢筋混凝土拱桥。1898 年，法国建成了跨度为 52 m 的钢筋混凝土拱桥——夏特罗桥。1905 年，瑞士建成了塔瓦纳萨桥，其跨径为 51 m，是一座箱型三铰拱桥。1928 年，英国在贝里克建成了 4 孔钢筋混凝土拱桥，其最大跨径为 110 m。

1890 年，奥地利工程师米兰发明了用劲性骨架为拱架、浇筑钢筋混凝土拱桥的工法，被称为米兰法。

1943 年，瑞典建造的桑多（Sando）桥，其跨度为 178.4 m，该桥是现代钢筋混凝土拱桥的代表作。

（三）现代桥梁建筑

1. 运输工具

汽车与火车是陆地运输的主要工具。高速列车、磁悬浮列车与高架轻轨列车运输等也对桥梁提出了新的要求。

2. 建筑材料

材料的发展方向是轻质化和高强化。混凝土（包括素混凝土、钢筋混凝土、预应力钢筋混凝土及钢纤维混凝土等）和钢材得到广泛运用，二者成为桥梁的主要材料。高强轻质复合材料不断涌现。

3. 施工技术

桥梁施工的发展方向是机械化和标准化。转体施工工法是 20 世纪 40 年代以后发展起来的一种架桥工艺。1950 年，德国迪威达（Dywidag）公司的芬斯特沃尔德（Finsterwalder）工程师第一次成功地将悬臂施工工法应用在巴尔杜因斯泰因（Balduinstein）桥和内卡鲁斯（Neckarrews）桥这两座桥梁的施工建造中。顶推法的构思来源于钢桥的纵向拖拉施工工法。顶推法用水平千斤顶取代了卷扬机和滑车，用板式滑动支座取代了滚筒。1959 年，德国莱昂哈特教授在建造奥地利阿格尔桥时首次采用顶推法。1964 年，顶推法得到进一步改进，即采用了分段预制、分段顶推、逐段接长、连续施工的工艺。

4. 设计理论

1946 年，美国诞生了世界上第一台电子数字计算机。1953 年，中国土木工程师学会（中国土木工程学会前身）成立，茅以升担任第一任理事长。20 世纪50 年代后，苏联学者提出了极限状态设计法，用多系数（超载系数、材料匀质系数、工作条件系数）代替单一安全系数度量结构的安全度。20 世纪 60 年代，美国的克拉夫教授首先提出了有限元法，它为把连续体力学问题化作离散的力学模型开拓了宽广的途径。有限元法的物理实质是把一个连续体近似地用有限个在节点处相连接的单元组成的组合体来代替，从而把连续体的分析问题转化为单元分析加上对这些单元组合的分析问题。20 世纪 60 年代，美国一些学者对建筑结构进行可靠度分析时，应用统计数学理论，提出了一个比较实用的方法，即一次二阶矩法，并被国际结构安全度联合委员会所采用。其后，结构可靠度理论不断发展，结构按极限状态法进行设计已成为可能。静态的、确定的、线性的、单个的结构受力分析，逐步被动态的，随机的、非线性的、系统的分析所代替。桥梁抗风（如风洞试验、振动控制及抗风设计等）、桥梁抗震（如隔震技术、抗震设计与加固等）不断发展。可以说，当代大跨桥梁的发展促进了力学发展，反过来，力学的发展又大力地支持了桥梁的发展，故有人戏称当今的超大跨桥梁为"高新科技产业"。桥梁美学备受重视。有关索桥分析、设计及施工控制方面的文献不断涌现。桥梁施工过程中的体系转换与最终恒载内力计算（结构拓扑变化内力分析）研究成为热点。桥梁新结构（如反吊桥、展翅梁桥、索带桥、钢管混凝土拱桥、斜拉 - 悬吊混合体系桥等）、新理论不断涌现。电子计算机的应用越来越广泛，专门的桥梁分析软件、绘图软件及专家系统越来越多，计算机仿真技术不断发展。

5. 典型桥梁

19 世纪初，德国工程师迪辛格（Dichinger）在设计一座铁路悬索桥时发现，只要在桥上加一些斜拉索就能使变形控制在容许范围内。1949 年他发表文章提出了许多现代斜拉桥的基本设想。1955 年，他的设想在瑞典的斯特伦松德（Stromsund）桥上得到实现，其主跨达 182.6 m，该桥的落成拉开了现代斜拉桥建设的序幕。

19 世纪初，美国工程师芬利创造了现代悬索桥雏形。

1958 年，美国麦金奈克悬索桥建成通车，主跨达 1158 m，采用了开敞式桥面，并在跨中设置了牢固的中央扣。该桥是美国工程师戴维·斯坦曼的代表作。

1962 年，委内瑞拉在马拉开波湖上建成了 8×235 m 的多跨预应力混凝土斜拉桥。

1964 年，美国建成的韦拉扎诺桥，主跨达 1290 m，且行车道数为 12 车道。

1974 年，巴西建成的瓜纳巴拉湾桥，主跨达 300 m，是当时世界上最大的铜实腹梁桥。

1975 年，法国建成的圣纳泽尔钢斜拉桥，主跨达 404 m，是当时世界上跨度最大的钢斜拉桥。

1977 年，美国建成的新河峡谷桥，拱跨达 518 m，全长 921 m，是当时世界上跨度最大的上承式双铰钢桁拱桥。

1978 年，阿根廷建成的巴拉圭河公路桥，最大跨度为 270 m，是当时世界上跨度最大的预应力混凝土实腹梁桥。

1980 年，英国建成的亨伯尔桥，主跨达 1410 m，是当时世界上跨度最大的悬索桥，拥有 4 车道。

1980 年，南斯拉夫萨格勒布建成的克尔克桥，主跨达 390 m，矢高为 60 m，是当时世界上跨度最大的钢筋混凝土拱桥。

1983 年，西班牙建成的卢纳桥，主跨达 440 m，是当时世界上跨度最大的预应力混凝土斜拉桥。

1988 年，日本建成的南备赞濑户大桥，跨径为 274 m ＋ 1100 m ＋ 274 m，是当时世界上跨度最大的公铁两用悬索桥。

1994 年，法国建成的诺曼底大桥，主跨达 856 m，主梁采用混合式，是当时世界上跨度最大的斜拉桥。

1998 年，丹麦建成的大贝尔特悬索桥，主跨达 1624 m，矢跨比为 1/9，加劲梁采用三跨连续结构。

1998 年，日本建成的明石海峡大桥（悬索桥），主跨达 1991 m，是当时世界上跨度最大的桥梁。

三、桥梁建筑工程的展望

（一）大跨发展的桥跨结构

在具有一定承载能力的条件下，跨越能力仍然是反映桥梁技术水平的主要指标。为避免修建或少建深水桥墩，加大通航能力，悬索桥、斜拉桥等桥式的跨度记录一再被打破。一方面，为适应陆地交通发展，需要建造跨越能力更大的桥梁；另一方面，建造前所未有的大跨度桥梁，需要渊博的技术知识、卓越的才能和创造性的勇气，是对自然和人类自身的挑战，因此具有极大的吸引力。从过去百年间各类钢桥主跨的增长情况可以看出，悬索桥的主跨从 19 世纪末期的 500 m 约增长到 20 世纪末期的 2000 m，而斜拉桥主跨从 20 世纪 50 年代的 200 m 约增长到 21 世纪初期的 1100 m。

修建跨海（湾、峡）桥是促使桥梁向大跨度发展的重要因素之一。意大利墨西拿（Messina）海峡大桥采用的是悬索桥方案，其设计主跨达 3300 m。印度尼西亚拟在巽他海峡修建 27 km 长的跨海大桥，采用跨度约 3000 m 的悬索桥跨越主航道。挪威计划在斯图尔峡湾建造跨度 2300m 的悬索桥。日本筹划修建的第二国土轴工程（太平洋沿岸高速公路）包括六个跨海峡桥梁工程，其中跨越纪淡海峡的悬索桥跨度为 2500～3000 m，而跨越丰子海峡及津轻海峡的悬索桥跨度在 3000 m 以上。21 世纪，我国陆地交通工程将有更大规模的发展，需要修建一系列跨海工程和连岛工程。

（二）更趋完善的新桥设计理论与旧桥评估理论

桥梁设计理论是桥梁工程建设的基石。随着桥跨的增加、建桥环境（如海洋环境、艰险山区环境）的变化、结构体系的多样和复杂，桥梁设计会面临许多新的课题和难题，这就要求我们必须适应桥梁发展的需要，进一步开展设计理论研究，完善设计规范。

桥梁工程的发展大致要经历以下三个阶段：以新建为主的阶段、新建与养护维修并重的阶段、以养护维修和加固改造为主的阶段。由于不利的环境影响、结构的自然老化、车辆荷载的增加以及养护维修的不足，一部分桥梁不可避免地要暴露出各种结构损伤。这导致结构的承载能力和耐久性降低，运营状况不能完全满足规定。如何评估既有桥梁的运营条件和承载能力，如何对已损伤桥梁进行修复加固，是保证线路安全畅通的重要问题。

开展旧桥评估理论和技术的研究和实践，一方面对准确评估桥梁的承载能力、尽量延长桥梁的使用寿命和减少加固替换的高额费用，具有明显的技术意义和经济意义；另一方面可针对旧桥暴露出来的问题，更新设计理念，完善设计理论和方法。今后的设计规范应在安全、适用、经济、美观的原则基础上，基于全寿命设计思想，考虑桥梁的耐久性，满足环保要求，逐步推动桥梁工程的可持续性。

（三）高强、轻质、多功能的建桥材料

材料科学的进步是推动桥梁工程发展的重要动力之一。当代桥梁向大跨度发展的趋势，对建桥材料提出了高强、轻质和多功能的更高要求。

在材料强度方面，世界各国都很注重提高建桥材料的强度。国外高强钢的屈服强度标准值达到了 960 MPa；我国在建设九江长江大桥时，发展了 15 MnVNq 钢；芜湖长江大桥采用的是 14 MnNbq 新钢种，其抗拉强度为 550 ~ 600 MPa。桥梁上使用的预应力钢材一直在朝着大直径、高强度、低松弛、耐腐蚀、与混凝土黏结力高、拼接便利的方向发展。目前国外高强钢筋的最大直径约为 44 mm，抗拉强度为 1350 MPa；我国预应力钢筋的最大直径为 32 mm，抗拉强度为 930 MPa。高强度低松弛钢丝及钢绞线在桥梁工程中的应用日趋广泛。为适应斜拉桥斜索和悬索桥主缆的需要，美、德、英、日等国开发了直径为 4 ~ 9 mm 的高强镀锌钢丝，其强度为 1550 ~ 2000 MPa。高强混凝土具有强度高、抗冲击性能好、耐久性强等优点。将其应用于桥梁结构，既可减小梁高，又可减轻梁体自重而增大跨度。

轻质材料的应用对减轻结构重力、增加桥梁跨越能力有明显作用。轻质混凝土（密度为 1.6 ~ 2.0 t/m^3）在国外桥梁上时有应用，而在我国还需发展。另外，目前仅用于航天工业的高强度轻质铝合金等也得到桥梁工程界的重视和研究。这些材料的特点是重量轻、刚度大、热膨胀系数低、耐疲劳、抗腐蚀等。

在钢材的功能方面，抗腐蚀性能好、结构表面不需油漆的耐候钢逐步得到应用。美国早在 20 世纪 70 年代就在桥梁上应用耐候钢。1991 年，我国采用武钢生产的耐候钢，在京广线巡司河上建成了第一座耐候钢桥。在国外，高性能钢的种类及应用逐步增加。高性能钢不仅保持了较高的强度，而且在材料的抗腐蚀和耐候性能、可焊性、抗脆断和疲劳性能等方面都比传统钢材有明显的提高和改善。其他具备多功能的钢材包括按热力控制加工生产的高质量、高强度的厚钢板（该钢材在 40 ~ 100 mm 厚度内不需要降低标准设计强度）及能大幅度减轻焊接时的预热作业的抗裂钢、抗层裂钢、变厚度钢、波纹钢板（用于结合梁桥的腹板）、树脂复合型减振钢板等。在混凝土方面，具备高强、早强、缓凝、微膨胀、不离析、自密实等性能的混凝土得到广泛应用；通过掺入高效减水剂及活性矿物掺合料，混凝土的耐久性得到一定改善。

纤维增强复合材料（FRP）自 20 世纪 40 年代问世以来，在桥梁工程领域的应用越来越多。FRP 具有高强、轻质、耐腐蚀、易维护等显著优点，但对其耐久性、蠕变和疲劳、构件连接性能、设计理论等还需继续开展研究。1993 年，加拿大将 FRP 预应力绞线用于贝丁顿（Beddington）试验桥；1996 年，瑞典首次将 FRP 拉索用于一座悬索桥；20 世纪 90 年代以来，采用 FRP 桥面板与钢梁或钢筋混凝土梁组合的桥梁结构在中国、美国等国家得到一些应用。在桥梁工程中，将 FRP 短纤维加入混凝土中，可大大提高混凝土的抗裂性、延性和承载力；FRP 片材（板或布）可粘贴于钢或混凝土结构表面，用于旧桥的加固补强；在新桥建造中，FRP 棒材（筋和索）可用来替代钢筋和预应力索，FRP 夹层结构和蜂窝板可用作桥面板。对抗腐蚀、耐久性要求高的桥面板，采用 FRP 筋（也包括 FRP 夹层结构和蜂窝板）可大大减少日常维护费用和改造维修费用。

（四）信息技术的广泛应用

进入21世纪，随着信息技术和智能材料的广泛应用，桥梁结构会变得"灵敏"和"智能"，其设计、施工和管理也将更为科学合理。在规划和设计方面，可以通过快速仿真分析，优化设计并逼真演示桥梁功能，为决策提供可靠依据。

在建造方面，可采用智能化制造系统加工结构构件，利用遥控技术进行施工控制和管理，利用 GPS 技术进行定位与测量，利用机器人技术进行结构整体安装或复杂环境下的施工等。

在健康监测和管理方面，可综合应用计算机技术（网络及数据库技术、图像图形技术）、人工智能技术、传感器技术及计算数学、有限元分析等多学科，建立一套桥梁设计、施工及养护维修的科学评价体系（施工控制、运营状态监测、损伤诊断及评估、预警和养护对策等），实时掌握桥梁的健康状况。例如，人们通过在桥上装配智能传感系统，就可以感知风力、气温等天气状况，并随时获取桥梁的交通状况；通过智能传感器，可随时监测结构的受力行为，预判潜在危险（如应力超限、疲劳裂纹扩展等）并及时发出预报。

（五）桥梁美学、建筑造型和景观设计的重视

桥梁作为建筑实体，除向社会大众提供使用功能外，还凸现出其作为建筑审美客体的作用。许多著名的桥梁建筑，如旧金山海湾大桥、悉尼港大桥、武汉长江大桥等，以其宏大的气势和造型，成为城市或地区的象征。

国家经济的持续发展、大众审美要求的提高，以及社会不断增强的自我标志意识，将会导致桥梁建筑设计理念的逐步改变。桥梁作为可定量计算分析的设计产品，一直是工程师独占的领域。随着设计学科之间的交叉，会有更多的建筑师、艺术家、景观和环境方面的专家参与到桥梁设计中来，他们通过设计合作，把技术（材料、结构、施工）与美学、造型和景观密切联系起来，共同创造出既保证安全适用，又体现美学魅力的桥。

概括地讲，桥梁建设的基本目标是安全、适用、经济、美观。根据我国近年

来的桥梁状况，我们需要更多地关注桥梁耐久和环保。围绕这一基本目标，桥梁技术的发展应表现在：具有较强的跨越能力、承载能力和良好的耐久性能；车辆能安全运行于桥上并使旅客有舒适感；讲求经济效益，力图降低造价；结构造型优美并能较好地与周边环境协调。

今后我国桥梁的发展方向大致有以下几方面。

①发展大跨度桥梁，进一步研究与之相关的动力和稳定等问题。

②研究超长跨海（湾、峡）大桥的设计、施工和耐久、环保技术。

③开发中小跨径钢桥、混凝土桥和钢－混结合梁桥的新的截面形式，完善桥梁的标准设计。

④注重施工技术的发展，提高桥梁建造的机械化、自动化、大型化水平。

⑤广泛采用以极限状态法和可靠性理论为基础的方法指导桥梁设计与评估。

⑥更多地将高强轻质材料和新型材料应用于桥梁工程。

⑦建立和完善桥梁健康监测与管理系统，提高既有桥梁的养护、评估和加固水平。

⑧开展桥梁美学、建筑造型和景观设计的系统研究。

⑨开展桥梁设计与施工风险评估研究，提高桥梁工程的施工安全水平。

第二节　桥梁的基本组成与分类

一、桥梁的组成部分

桥梁的组成部分一般包括上部结构、下部结构、支座和附属设施。

上部结构通常称为桥跨结构，是线路中断时跨越障碍的主要承重结构。桥跨结构的主要作用是跨越山谷、河流等各种障碍物，并将其直接承受的各种荷载通过桥梁支座传递到指定的下部结构上去，同时保证桥上交通能在一定条件下正常安全运营。

下部结构包括桥墩、桥台和基础，用来支撑上部结构并将其传来的恒载和车辆活载传至基础。一座桥梁的桥台只有两个，设在桥的两端；而桥墩可以不设或在两个桥台之间设一至数个。桥墩两侧均为桥跨结构，而桥台一侧为桥跨结构，另一侧为路堤。桥台除支承桥跨结构外，还起到衔接桥梁与路堤的作用，并抵御路堤的土压力，防止其滑坡坍落。桥梁墩台底部与地基相接触的结构部分称为墩台基础。墩台基础是桥梁结构的根基，对桥梁结构的使用安全起着举足轻重的作用。墩台基础的施工是桥梁施工中最复杂、难度最大的环节。大量事实证明，许多桥梁的毁坏都是由墩台基础的强度或稳定性出现问题而引起的。

支座是指设在桥墩或桥台顶部用以支撑桥跨结构的传力装置，它不仅要传递很大的荷载，还要保证桥跨结构按设计要求产生一定的变形。

附属设施包括伸缩缝栏杆、灯柱、锥形护坡、桥头搭板、护岸和导流结构物等。

二、桥梁的分类

人们在日常生活中所见到的桥梁种类繁多，下面按桥梁的受力形式、用途、跨径等对桥梁进行简单的分类。

（一）按受力形式划分

按照桥梁上部结构的受力形式，桥梁可以分为梁桥、拱桥和悬索桥，简称"梁""拱""吊"三大基本体系。其中梁桥以受弯为主，拱桥以受压为主，悬索桥以受拉为主。另外，还有由两种及两种以上基本体系构成的组合体系桥，如刚架桥、拱梁组合体系桥、斜拉桥等。

1. 梁桥

梁桥是一种在竖向荷载作用下无水平反力的结构，由于外力的作用方向与桥梁结构的轴线接近垂直，与其他结构体系相比，梁桥内产生的弯矩最大，即梁桥以受弯为主。因此，梁桥通常需用抗弯、抗拉能力强的材料（如型钢、钢筋混凝土）来建造。梁桥按结构体系又分为简支梁桥、连续梁桥和悬臂梁桥。

2. 拱桥

拱桥的主要承重结构是主拱圈或拱肋，在竖向荷载作用下，桥墩和桥台不仅要承受竖向反力，还要承担很大的水平反力。同时，墩台向拱圈或拱肋提供水平反力，这将大大抵消主拱圈由荷载引起的弯矩。因此，与同跨径的梁桥相比，拱桥的弯矩、剪力和变形要小得多，拱圈以受压为主。拱桥对墩台有水平推力且承重结构以受压为主，这是拱桥的主要受力特点。因此，拱桥通常可采用抗压能力强的材料和钢筋混凝土来建造。由于下部结构要承受较大的水平推力，拱桥一般需要较好的地质条件。拱桥不仅跨越能力强，而且外形美观，在条件允许的情况下，修建拱桥往往是经济合理的。

3. 悬索桥

悬索桥也称为吊桥，传统的悬索桥均使用悬挂在两端塔架上强大的缆索作为主要承重结构。在竖向荷载作用下，缆索承受很大的拉力，这就需要在两岸桥台的后方修筑非常大的锚碇结构。悬索桥也是具有水平反力（拉力）的结构。现代悬索桥广泛采用高强度钢丝编制的钢缆，以充分发挥其优越的抗拉性能，因此结构自重轻，并能以较小的建筑高度跨越其他桥型无法实现的特大跨度。悬索桥的另一特点是成卷的钢缆便于运输，结构的组成构件较轻，便于无支架悬吊拼装。我国西南地区和遭受山洪泥石流冲击等威胁的山区，在修建其他桥梁有困难的情况下，往往采用悬索桥。相比于其他桥梁体系，悬索桥的自重轻，结构刚度小，在车辆动荷载、风荷载和雨荷载作用下有较大的变形与振动。整个悬索桥的发展历史是与变形和振动斗争的历史，也是争取刚度的历史。

4. 组合体系桥

由几个不同结构体系组合而成的桥梁称为组合体系桥。其中梁和拱都是主要承重结构，两者相互配合，共同受力。由于吊杆将梁向上（与荷载作用的挠度方向相反）吊住，这样就减小了梁中弯矩；同时，由于拱与梁连接在一起，拱的水平推力就传给梁来承受，这样梁除了受弯以外还受拉。这种组合体系桥能跨越较一般简支梁桥更大的跨度，而且对墩台没有水平推力，因此其对地基的要求与一般简支梁桥一样。斜拉桥是一种主梁与斜缆相结合的组合体系桥。悬挂在塔柱上被张紧的斜缆将主梁吊住，使主梁像由多点弹性支承的连续梁一样工作。这样既发挥了高强度材料的作用，又显著减小了主梁截面尺寸，使结构自重减轻，从而增强了跨越能力。组合体系桥的种类很多，但究其实质不外乎利用梁、拱、吊三者的不同组合，上吊下撑以形成新的结构。组合体系桥一般可用钢筋混凝土建造，对于大跨径桥梁宜采用预应力混凝土、钢或钢 - 混凝土组合结构修建。一般来说，这种桥梁的施工工艺比较复杂。

（二）桥梁的其他分类

①按用途划分。按用途的不同，桥梁可分为公路桥、铁路桥、公铁两用桥、农桥或机耕道桥、人行桥、水运桥（渡槽）、管线桥等。

②按跨径划分。按全长和跨径的不同，桥梁可分为特大桥、大桥、中桥、小桥和涵洞。

③按承重结构所用的材料划分。按照主要承重结构所用材料的不同，桥梁可分为砌筑桥（包括砖、石、混凝土桥）、钢筋混凝土桥、预应力混凝土桥、钢桥、钢 - 混凝土组合桥及木桥等。

④按跨越障碍划分。按跨越障碍的不同，桥梁可分为跨河桥、跨海桥、跨线

桥（立交桥）、栈桥和高架桥等。

⑤按行车道位置划分。按上部结构行车道位置的不同，桥梁可分为上承式桥、中承式桥和下承式桥。

⑥按桥跨结构平面布置划分。按桥跨结构平面布置的不同，桥梁可分为正交桥、斜交桥和弯桥。

第三节　桥梁的总体规划与设计

一、桥梁总体规划与设计的基本原则及程序

（一）桥梁规划与设计的基本原则

桥梁是公路、铁路和城市道路的重要组成部分，特别是大、中桥梁的建设对各国政治、经济、国防等都具有重要意义。因此桥梁工程的设计应符合安全可靠、适用耐久、环境保护、经济合理以及美观的要求。桥梁设计应遵循的各项原则分述如下。

1. 安全可靠

①所设计的桥梁结构在强度和稳定性方面应有足够的安全储备。

②防撞栏杆应具有足够的高度和强度，人与车流之间应做好防护栏，防止车辆撞入人行道或撞坏栏杆而落到桥下。

③对于交通繁忙的桥梁，应设计好照明设施，并要有明确的交通标志。两端引桥坡度不宜太陡，以避免发生车辆碰撞等引发交通事故。

④对于修建在地震区的桥梁，应按抗震要求采取防震措施；对于河床易变迁的河道，应设计好导流设施，防止桥梁基础底部被过度冲刷；对于通行大吨位船舶的河道，除按规定加大桥孔跨径外，必要时还需设置防撞构筑物等。

2. 适用耐久

①应保证桥梁在 100 年的设计基准期内正常使用。

②桥面宽度应能满足当前以及今后规划年限内的交通流量（包括行人通行）。

③桥梁结构在通过设计荷载时不应出现过大的变形和过宽的裂缝。

④应考虑不同的环境类别对桥梁耐久性的影响，在选择材料、保护层厚度、阻锈等方面要满足耐久性的要求。

⑤桥跨结构的下面要有利于泄洪、通航（跨河桥）或车辆和行人的通行（旱桥）。

⑥桥梁的两端要便于车辆的进入和疏散，不致产生交通堵塞现象等。

⑦应考虑综合利用，要便于各种管线（水、电、气、通信等）的搭建。

3. 环境保护

桥梁设计必须考虑环境保护的要求，应从桥位选择、桥跨布置、基础方案、墩身外形、上部结构施工方法、施工组织设计等多方面考虑环境要求，采取必要的工程控制措施，并建立环境监测保护体系，尽可能将不利影响减至最小。

桥梁施工完成后，将桥梁两头植被恢复或进一步美化桥梁周边的景观，亦属环境保护的内容。

4. 经济合理

①桥梁设计应遵循因地制宜、就地取材和方便施工的原则。

②经济的桥型应该是造价和使用年限内养护费用综合最省的桥型，设计时应充分考虑运营、养护和维修费用，维修时应尽可能不中断交通，或使中断交通的时间最短。

③所选择的桥位应是地质、水文条件好的河段，桥梁长度也应较短。

④桥位应选在能缩短河道两岸运距、促进该地区经济发展、产生最大效益的位置。对于过桥收费的桥梁应能吸引更多的车辆通过，达到尽快收回投资的目的。

5. 美观

一座桥梁应具有优美的外形，而且这种外形从任何角度看都应该是优美的，结构布局合理，并应在空间上有和谐的比例。桥型应与周围环境相协调，城市桥梁和游览地区的桥梁可较多地考虑建筑艺术上的要求。合理的结构布局和轮廓是美观的主要因素，结构细部的美学处理也十分重要。另外，施工质量对桥梁美观也有重大影响。

（二）桥梁规划与设计的基本资料

在设计桥梁前需要先进行一系列的野外勘测和资料收集工作，对于跨越河流的桥梁一般包括以下几方面的内容。

①调查桥梁上的交通种类和桥梁的荷载等级、实际交通量和增长率、需要的车道数、行车道的宽度及人行道宽度的要求等。

②桥位选择。一般来说，大、中桥桥位的选择应从路线的总方向、路线网综合考虑。一方面，从整个路线或路线网的角度来看，既要力求降低桥梁的建设和养护费用，又要避免或降低因车辆绕道而增加的运输成本。另一方面，从桥梁的经济性和稳定性出发，应尽量选择在河道顺直、水流稳定、河面较窄、地质较好、冲刷较小的河段上，以降低造价和养护费用，并防止因冲刷过大面发生桥梁倒塌的危险。此外，应尽量避免桥梁与河流斜交，否则会增加桥梁长度，从而引起工程造价的提高。大、中桥一般先选择 2 ~ 4 个桥位进行综合比较，然后选择合理的桥位。小桥涵的位置应服从路线走向。当遇到不利的地形、地质和水文条件时，应采取适当的技术措施，不应因此而改变路线。

③测量桥位附近的地形，并绘制地形图，供设计和施工使用。

④通过钻探调查桥位的地质情况，并将钻探资料制成地质剖面图，作为基础设计的重要依据。为使地质资料更接近实际情况，可以根据初步拟定的桥梁分孔方案，将钻孔布置在墩台附近。

⑤调查和测量河流的水文情况，为确定桥梁的桥面标高、跨径和基础埋置深度提供依据。调查和测量的具体内容包括以下几方面。

a. 河道性质。了解河道是静水河还是流水河，有无潮水，河床及两岸的冲刷和淤积情况，以及河道的自然变迁和人工规划的情况。北方地区还要了解季节性河流的具体性质。

b. 测量桥位处河床断面。

c. 调查了解洪水位的多年历史资料，通过分析推算设计洪水位。

d. 测量河床比降。调查河槽各部分形态的标高和糙率等，计算流速、流量等有关参数，通过计算确定设计洪水位下的平均流速和流量；结合河道性质，可以确定桥梁所需的最小总跨径。选择通航孔的位置、墩台基础形式及埋置深度。

e. 向航运部门了解和协商确定设计通航水位和通航净空，根据通航要求与设计洪水位确定桥梁的分孔跨径和桥跨底缘的设计标高。

⑥对于大型桥梁工程，应调查桥址附近风向、风速及桥址附近有关的地震资料。

⑦调查了解其他与建桥有关的情况，如当地建筑材料的来源，水泥、钢材的供应情况；调查附近旧桥使用情况，了解有关部门和当地群众对新桥有无特殊的要求，如桥上是否需要铺设电缆或输气管道等；调查施工场地的情况，了解是否需要占用农田，桥头有无需要拆除或迁移的建筑物，要尽可能地避免损失或将这

些损失降至最低；调查当地及附近的运输条件。这些情况对桥梁施工起着重要的作用。

⑧调查了解桥梁施工机械动力设备和电力供应等情况，这些因素将直接影响设计与施工方案的确定。

上述各项野外勘测与调查研究工作，有的可同时进行，有的则需相互交错进行。例如，为进行桥位地形测量、地质钻探和水文调查，需要先确定桥位，而为了选择桥位又必须要有一定的地形地质和水文资料等。因此，有的工作必须互相渗透，交错进行。

桥梁规划设计单位根据调查、勘测所得的资料，可以拟订几个不同的桥位比较方案，然后通过综合比较进行方案优选。方案比较项目一般包括不同的桥位、不同的材料，不同的结构体系和构造，不同的跨径和分孔、不同的墩台和基础形式等。

（三）桥梁规划与设计程序

一座桥梁的规划设计所涉及的因素很多，特别是对于工程比较复杂的大、中桥梁来说，规划设计是一个综合性的系统工程。设计的合理性，将直接影响区域的政治、经济、文化及人民的生活，因此必须建立一套严格的管理体制和有序的工作程序。在我国，桥梁规划设计的基本程序分为前期工作阶段和正式设计工作阶段。前者又分为工程预可行性研究（简称"预可"）阶段和工程可行性研究（简称"工可"）阶段；后者则又分成初步设计、技术设计和施工图设计三个阶段。现分别介绍它们的主要内容及要求。

1. "预可"阶段

"预可"阶段着重研究建桥的必要性以及宏观经济上的合理性。在"预可"阶段研究形成的"工程预可行性研究报告书"（简称"预可报告"）中，应从经济、政治、国防等方面，详细阐明建桥理由和工程建设的必要性和重要性，同时初步探讨技术上的可行性。对于区域性线路上的桥梁，应以建桥地点（渡口等）的车流量调查为立论依据。"预可"阶段的主要工作目标是解决建设项目的上报立项问题。因而，在"预可报告"中，应编制几个可能的桥型方案，并对工程造价、资金来源、投资回报等问题应有初步估算和设想。设计方将"预可报告"交业主后，由业主据此编制"项目建议书"报主管上级审批。

2. "工可"阶段

在"项目建议书"被审批确认后，应着手"工可"阶段的工作。在这一阶段，应着重研究和制定桥梁的技术标准，包括设计荷载标准、通航标准等，并应与河道、航运、规划等部门共同研究确定相关的技术标准。在"工可"阶段，应提出多个桥型方案，并应基本落实资金来源和投资回报等问题。

3. 初步设计

初步设计应根据批复的可行性研究报告、测设合同和初测、初勘或定测、详勘资料来编制。

初步设计的目的是确定设计方案，应通过多个桥型方案的比选，推荐最优方案，报上级审批。在编制各个桥型方案时，应提供平、纵、横布置图，标明主要尺寸，并估算工程数量和主要材料数量，提出施工方案的意见，编制设计概算，提供文字说明和图表资料。初步设计经批复后，成为施工准备及编制施工图设计文件和控制建设项目投资等的依据。

4. 技术设计

对于技术上复杂的特大桥、互通式立交或新型桥梁结构，需进行技术设计。

技术设计应根据初步设计批复意见、测设合同的要求，对重大复杂的技术问题进行科学试验、专题研究，以进一步完善批复的桥型方案的总体和细部各种技术问题以及施工方案，并修正工程概算。

5. 施工图设计

施工图设计应根据初步设计（或技术设计）批复意见、测设合同，进一步对所审定的修建原则、设计方案、技术决定加以具体和深化。在此阶段，必须对桥梁各种构件进行详细的结构计算，并且要确保强度、刚度、裂缝、构造等各种技术指标满足规范要求，同时还要绘制出施工详图，提出文字说明及施工组织计划，并编制施工图预算。国内一般的（常规的）桥梁采用两阶段设计，即初步设计和施工图设计；对于技术简单、方案明确的小桥，也可采用一阶段设计，即施工图设计。

二、桥梁的平、纵、横断面设计

（一）桥梁的平面设计

桥梁设计时首先要确定桥位。小桥和涵洞的位置和线形一般应服从路线的总走向。为满足路线的要求，可设计为斜交桥或弯桥。对于公路上的特大桥、大桥、中桥的桥位，原则上应综合考虑，尽量选择在河道顺直、水流稳定、地质条件良好的河段上。桥梁的平曲线半径、平曲线超高和加宽、缓和曲线、变速车道设置等，均应满足相应等级公路的规定。桥梁的线形及桥头引道要保持平顺，使车辆能顺利通过。小桥涵的线形及小桥涵与公路的衔接可按线路的要求布置。大、中桥梁的线形一般为直线。当桥面受到两岸地形限制时，允许修建曲线桥，曲线的各项指标应符合线路的要求；也允许修建斜桥，其交角（桥墩沿水流方向的轴线与河道水流方向间的夹角）一般不大于 45°，在通航河流上不宜大于 5°。

（二）桥梁的纵断面设计

桥梁纵断面设计包括桥梁总跨径的确定、桥梁分孔的确定、桥面标高与桥下净空的确定、桥上及桥头引道纵坡的设置等。

1. 桥梁总跨径的确定

桥梁总跨径一般参照水文计算来确定。由于桥梁墩台和桥头路堤压缩了河床横断面的面积，使桥下过水断面减小，流速加大，加强了河流对河床的冲刷。因此，桥梁总跨径必须保证桥下有足够的泄洪面积，使河床不致受到过大的冲刷。山区河流流速较大，应尽可能少压缩或不压缩河床，而对于平原地区的宽滩河流（流速较小），虽然允许压缩，但是必须注意水对上游河堤、地下水及附近农田等可能产生的危害。

2. 桥梁分孔的确定

在桥梁的总跨径确定以后，还需进行单孔的布置。一座较大的桥梁可以分成多孔。各孔的跨径有多大，有几个河中桥墩，哪些是通航孔，哪些不是通航孔，这些问题要根据通航要求、地形和地质条件、水文情况及经济技术和美观的需求来加以确定。桥梁的分孔关系到桥梁的总造价。跨径和孔数不同时，上部结构和墩台的总造价是不同的。跨径越大，孔数越少，上部结构的造价就越大，而墩台的造价就越小。最经济的跨径是使上部结构和下部结构总造价最低的跨径。因此，当桥墩较高或者地质不良，基础工程复杂而造价较高时，桥梁的跨径可选得大一些；反之，当墩台较矮或地质良好时，桥梁的跨径就可以选得小一些。在实际工程中，可对不同的跨径布置进行粗略的方案比较，选择最经济的跨径和孔数。对于通航河流，当通航净宽大于按经济造价确定的跨径时，一般按通航净宽来确定通航孔跨径，其余桥孔跨径则采用经济跨径。但对于变迁性河流，考虑航道可能发生变化，则需多设几个通航孔。

桥梁的分孔是个非常复杂的问题，各种各样的条件和要求往往相互矛盾。例如，跨径在100m以下的路桥，为了尽可能地符合标准跨径，不得不放弃采用按经济要求确定的孔径；某些应急工程为了便于抢修和互换，常需要将全桥各孔跨径做成统一的，并且跨径不太大；有时因为施工时间很紧，为减少水下工程，需要减少桥墩而增加跨径。有些体系中，为了使结构受力合理和用材经济，布置时需要考虑跨径比例的合理性。例如，在连续梁设计中，其中跨与相邻边跨的比值：对于三跨连续梁，一般取1.0：0.8；对于五跨连续梁，一般取1.0：0.9：0.65。孔数不多时最好布置成奇数跨，以免将桥墩正置河道中央。在有些情况下，为了避免在河中搭设脚手架和修建临时墩，可以加大跨径，采用悬臂浇筑法进行施工；在山区建桥时，往往采用单孔跨越深谷的大跨径桥梁，以避免建造中间桥墩。跨径的选择还与施工能力有关，有时选用较大跨径虽然在经济上和技术上是合理的，但是由于缺乏足够的施工技术能力和施工机械设备，也不得不改用较小跨径。

总之，对于大、中型桥梁来说，桥梁分孔问题是设计中最基本、最复杂的问题，必须进行深入、全面的分析，才能制订出比较完美的方案。

3. 桥面标高与桥下净空的确定

桥面标高在线路纵断面设计中已做规定，或可根据设计洪水位及桥下通航需要的净空结合桥梁的建筑高度来确定。桥面标高的抬高会引起桥头引道路堤土方量的增加，在修建城市桥梁时，则可能会使引道布置困难，因此必须根据设计洪水位、桥下通航（或通车）净空等的要求，结合桥型、跨径综合考虑，以确定合理的桥面标高。

对于非通航河流，梁底一般应高出设计洪水位至少0.5 m，高出最高流冰水位至少0.75 m；支座底面应高出设计洪水位至少0.25 m，高出最高流冰水位至少0.5 m。对于无铰拱桥，拱脚允许低于设计洪水位，但设计洪水位一般不应超过拱圈矢高的2/3，拱顶底面至设计洪水位的净高不应小于1.0 m。对于有漂流物或易淤积的河床，桥下净空应视情况适当加高。

在通航河流上，桥跨结构下缘的标高应高出自设计通航水位算起的通航净空高度。

4. 桥上及桥头引道纵坡的设置

在桥面标高确定后，还需根据桥头两端的地形和路线要求设计桥梁的纵断面线形。对于小桥，一般做成平坡桥；对于大、中型桥梁，为了利于桥面排水和降低引道路堤高度，往往设置从中间向两边倾斜的双向坡道，桥上纵坡不宜大于4%，桥头引道纵坡不宜大于 5%。对位于城镇交通量大处的桥梁，桥上纵坡和桥头引道纵坡均不得大于 3%。桥上或引道处纵坡发生变化的地方，均应按规定设置竖曲线。

（三）桥梁的横断面设计

桥梁宽度取决于桥上的交通要求。一般来说，在高速公路或一级公路上，多数修建上、下行两座独立桥梁。各级公路上的涵洞和二、三、四级公路上跨径小于 8 m 的单孔小桥的桥面宽度，应与路基同宽。城市桥梁的桥面宽度应根据城市交通的规划要求予以适当加宽。桥上通行电车和汽车时，一般将电车道布置于桥梁中央，而将汽车道布置在它的两旁。位于弯道上的桥梁，应按线路要求予以加宽和设置超高。

桥上人行道和慢车道的设置应根据需要而定，并应与前后路线的布置相匹配。慢车道与行车道之间必要时应设置分隔设施。人行道宽 0.75 m 或 1.0 m，大于 1.0 m 时可按 0.5 m 的倍数增加，且人行道宜高出行车道 0.25 ～ 0.35 m。

第四节　路桥检测的重要性

一、路桥检测的重要性

（一）路桥检测的作用

在进行路桥工程施工的过程中，为了确保工程项目的施工质量，施工人员需要对项目使用的材料、技术以及环境等各方面进行检查，从而确保项目的施工质量，确保路桥工程的使用寿命能够满足项目的要求。在进行路桥项目施工的过程中，科学合理的试验检测不仅能够有效地指导项目的施工，确保施工人员在进行项目施工的过程中实现对配件的合理搭配，确保项目施工的科学有序进行，还能够进一步确保项目的施工质量，降低项目的施工成本。

（二）路桥检测的内容

在进行路桥工程施工前，对施工材料要进行有效的控制。在施工的过程中，经常会用到一些砂石、水泥等材料，对这些建筑材料必须要在施工前进行质量的试验检测工作，要保证其能够符合工程的标准要求，这样才能保证工程的质量符合预期。施工材料必须要在检验合格之后才能进入施工现场使用，对于不符合质量要求的材料一定不能使用。

在实际施工之前，施工的监理工作人员要对施工材料的质量合格证书进行检查，对施工材料要进行试验，这样才能对后期施工的质量进行有效的控制。只有控制好施工的参数才能更好地进行施工的指导工作。对施工的各个参数必须要进行明确，这样才能有效保证施工的质量。对路基路面的压实质量也必须要进行合理的控制，要保证压实度能够达到预期的要求，这样才能保证路桥工程的施工质量。

1. 路桥面的回弹弯沉检测

在进行路桥面回弹弯沉检测时，主要采用的检测方法是落锤式弯沉仪测定路面弯沉试验方法，这种检测方法的原理是利用重锤进行自由落体运动，使路桥表面受到冲击荷载的作用，以此来对路桥表面的弯沉进行测量。这种检测方法属于测量动态的弯沉，可以对车辆在路桥表面行驶过程中出现的情况加以模拟，同时这种检测方法能够很好地对路桥在后期运行过程中的情况进行测定，也可以准确测量弯沉的形状，是一种检测速度快并且精度高的检测方式。

自动弯沉仪法，主要采用多普勒激光技术对路桥表面的沉降速度进行测定。这种检测方法，可以准确计算出弯沉的数据，并且不对路桥的运行造成影响，具备一定的安全性，精确度也是非常高的。另外，还有滚轮式的弯沉法，这种检测方法是一种全新的检测方法，主要是对路桥表面的相关参数进行测量，但是这种试验检测技术仍旧处于研究阶段。

2. 路桥面的压实度检测

在进行路桥表面压实度的试验检测过程中，所采用的检测方法多是一些较为传统的检测方法，如预埋加速计法、环刀法及静态承受压力法等。目前，有关路桥表面压实度的测量都是静态的抽样检测，难以得到真实有效的数据。在这些压实度的检测方法中，环刀法及灌砂法的检测结果是较为精确的，但是需要检测的时间也是比较长的。

另外，在进行检测的过程中，需要对路桥的表面进行处理，这会在一定程度上破坏现有的路桥表面。核子发射法在实际测量的过程中需要的成本是比较大的，因此一般不会采用这种方法。预埋加速计法需要在施工的过程中进行预埋处理，预埋结束之后也不便取出，并且只能使用一次，因此实际的效果也不是很理想。

路桥工程作为一项与人们日常生活紧密相关的工程，对我国的经济建设发展有着非常大的影响，因此必须加强对路桥工程施工质量的控制工作。在实际的施工过程中，只有通过路桥工程试验检测技术及时地发现工程施工存在的问题，第一时间加以解决，才能保证路桥工程的施工质量，同时也可以起到降低施工成本的作用。

（三）路桥检测的重要意义

通常情况下，路桥工程施工的规模都比较大，整个工程不仅施工周期长，而且工程的投资也比较大。在施工的过程中，一旦出现事故质量问题，将会对工程造成较大的影响，造成严重的经济损失。考虑到路桥工程的施工周期及质量要求，施工人员需要加强对工程施工过程的管理与控制，在确保工程施工质量的同时也要确保工程在规定的工期内完成，这时候就需要加强对工程的试验检测，通过科学的检测来确保施工过程的科学与合理，实现对施工过程的全面管控，确保施工的质量与进度。在路桥工程施工的过程中，科学合理的试验检测不仅能够实现对工程施工质量的有效控制，还能够实现对工程成本的有效管理。

在路桥工程施工前，试验检测人员首先需要对工程的原材料进行检测，要确保原材料的质量符合工程施工的要求。在路桥工程施工的过程中，试验检测人员通过检查工程所在区域的土壤、砂石质量能够有效地分析出土壤、砂石的质量，有助于选择合适的材料作为工程施工的原材料，从而能够有效地降低材料的运输成本，降低工程的整体造价。在施工完成后，试验检测人员通过科学合理的试验检测还能够实现对工程的有效检测，确保工程竣工验收过程的准确与可靠。路桥工程关系着我国公路交通行业的发展状况，关系着我国经济的发展与进步，对此我国公路工程试验检测人员应当加强对路桥工程的管理，进一步确保路桥工程的施工质量。

①路桥检测，有利于施工人员积累经验、借鉴技术方法，有利于修建技术的推广和应用，有利于新材料、新技术、新工艺的迅速推广。

②路桥检测，有利于施工材料的就近取材，减少能源消耗，节省不必要的开支。施工单位在选择原材料时，要根据路桥试验检测的相关数据进行选择，这对于路桥工程施工质量能起到很好的控制作用。在路桥工程施工前，试验检测人员应对水泥、混凝土等重要原材料的黏稠度、凝固时间等各项指标进行检测，要保证施工的原材料达到一定的标准。试验检测人员通过试验检测能获得原材料是否合格的数据，能够在一定程度上保证原材料合格，而合格的原材料又是整个工程施工质量的重要保证，因此对原材料在施工前进行检测有着非常重要的意义。

③路桥检测，有利于国家部门实际监控路桥工程的施工质量，有利于检测人员的控制和把关，可以有效避免偷工减料，减少安全事故的发生。

④路桥检测，有利于施工数据的具体统计，可以减少误差，减少伤害，避免隐形风险。在路桥工程的施工过程中，控制参数的选取对整个工程的施工质量有着非常重要的意义，控制参数也是控制整个工程施工质量的重要数据。例如，施工单位在路基工程施工中对填土的含水量、最大密度等一些控制参数的选取会直接影响整个路基的施工质量。因此，试验检测人员在对路桥进行检测时一定要按照标准程序对控制参数进行正确合理的选择。

⑤路桥检测，有利于对施工现场实际进程的管理，有利于施工的顺利进行。进行路桥试验检测工作不仅能有效避免由于质量问题而出现的返工现象，还能在一定程度上保证路桥质量，达到降低成本、保证施工工期的目的。

二、提高路桥检测精准度的主要途径

（一）引进先进设备并采取先进检测方法

为了提高试验检测的工作效率和工作质量，可以采用先进的检测设备和仪器。先进仪器设备的应用可以提高相关数据的准确性，为路桥工程施工质量提供一定的保证。在路桥工程试验检测中，先进的设备非常重要，先进的检测方法也不容忽视。先进的检测方法可以减少检测错误并提高准确性。在路桥工程施工中，要注意先进的设备与先进的检测手段的结合。

（二）提高相关工作人员的素质

路桥工程项目的试验检测主要以人为基础，如果试验检测人员的素质不到位，任何先进的设备都无法弥补这一缺陷，检测结果也就没有相应的参考作用。因此，有关部门在进行相关试验检测人员的招聘时应提高标准，试验检测人员应具备检测的相关专业知识，在从事相关工作前，必须经过严格的系统培训，并通过评估，掌握相关工作内容和要求，并具备相关工作经验才能正式参加相关检测工作。作为工程检测员应该以高度的工作责任心和科学严谨的态度，实事求是的精神，确保检测结果的准确性。

路桥试验检测人员的素质及技术水平的高低决定着路桥试验检测的整体水平，是提升公路工程质量控制的重要基础。路桥工程试验检测人员的整体素质和水平对提高工程质量、加快工程进度、降低工程造价、推动工程施工技术进步起着极为重要的作用。作为一名合格的试验检测人员，必须遵纪守法，遵守试验检测工作职业道德，必须具备相应的工程技术试验检测能力。提高路桥试验检测水平，首要任务就是提高试验检测人员的综合素质，提高其质量控制管理的能力和解决实际问题的能力。路桥试验检测人员必须注重实际操作能力的锻炼，注重新技术的利用与学习，注重提升工程材料的质量控制能力，注重日常的学习与经验的积累，注重数据分析处理能力的强化。路桥试验检测人员只有不断加强自身的综合素质，不断学习试验检测的新知识、新技术，才能跟上经济、科技发展的潮流，才能提高工程质量检测的水平。

路桥试验检测工作靠个人很难完成，需要试验检测部门所有员工的团结协作完成。试验检测部门一般情况下包括好几个小组，例如，行政策划小组、检测技术操作小组、检测结果数据分析小组等。只有这几个小组团结协作，相互配合才能更好地完成试验检测工作。任何一个部门出现问题都会对试验检测结果产生影响。因此各小组之间的配合对路桥试验检测水平的提高有着非常重要的意义。

路桥的试验检测工作是一项复杂、专业性强的工作。因此，在进行试验检测的过程中，一定要保证试验检测人员的专业水平，做到持证上岗。例如，试验检测部门可以定期组织检测人员培训和学习，不断提高他们的专业水平，同时，也可以在用人方面制定比较严格的用人标准，根据不同岗位的需求，合理安排试验检测部门各小组人员。

（三）强化路桥检测的材料和质量控制

在路桥工程施工的过程中，施工材料直接关系着工程的施工质量，因此一定要确保施工材料的质量符合工程的施工要求。在进行路桥工程施工之前，施工管理人员应当加强对施工材料的质量检验，通过科学合理的试验检测来加强对施工材料质量的管控，确保所有的施工材料质量都符合路桥工程的施工要求。除此之外，工程监理单位也应当发挥应有的监督管理作用，加强对材料检验过程的监管，最大限度确保材料试验检测过程的准确与可靠。在施工的过程中，对于一些特殊的施工材料，不仅要通过常规的试验检测，还要通过针对性的性能检测，来确保材料的质量。对于一些新工艺以及新材料，在进入施工现场后必须要交给试验检测部门进行相应的检测，在通过检测以后才能够正式地投入施工。

在路桥工程施工的过程中，涉及很多不同的环节，对此试验检测人员应当针对不同的施工环节展开不同的试验检测工作，最大限度确保工程的施工质量。在实际的工程施工中，一些施工管理人员没有认识到安全施工的重要性，在施工过程中忽视了对工程的试验检测，无论是施工材料还是施工过程都未能得到有效的管控，从而导致施工质量得不到有效的保障。对此相关的管理部门应当加强对工程的监督管理，建立完善的工程监督管理机制。通常情况下，路桥工程施工的质量控制体系包括政府以及施工单位两个方面的监督，在施工过程中政府管理部门应当发挥政府的监督管理作用，而施工单位应当加强对施工过程的试验检测，两者应通力合作，最大限度确保工程的施工质量。

在实际的施工过程中，如果试验检测发现送检的样品存在一定的质量问题，对此相关的试验检测人员不能够隐瞒任何的检测结果，应当如实进行上报，由上级管理部门及时进行进一步的核查，在确认检验结果准确无误后由相关的施工单位进行返工，在返工完成后再交由试验检测部门进行再次的检验，直到施工质量符合施工要求为止。

（四）加强路桥检测的重视程度

对路桥整体工程进行试验检测是国家的严格规定，但是部分施工单位未能对其引起高度重视，对试验检测的认知水平较低。由于领导的不重视，部分试验检测人员未能在工作中尽职尽责，马虎行事，粗心大意，严重者甚至干扰施工工程检测数据的真实性。

路桥的质量好坏不仅关系着国家经济发展，还关系着民生安全，作为路桥的施工单位，不能马虎大意，不能敷衍了事，既要做到详细数据详细记录、真实情况真实披露，又要严格按照国家法律法规执行检测标准。路桥试验检测工作必须提到施工日程上，必须引起施工单位领导的高度重视，只有这样的试验检测工作才能行之有效，才能不断提高检测工作的效率，才能保证路桥的真正质量，才能减少伤害，减少事故，减少经济损失。

（五）建立保护体系

建立保护体系是路桥试验检测技术具体应用的核心内容之一。通常来说，在路桥工程中，施工单位通过建立较为完善的试验检测保证体系，可以促进质量管理工作的有效进步。除此之外，在建立保护体系的过程中，路桥施工单位应当从管理层上开始，来让各个部门明确路桥试验检测自身的职责与要点，从而能够在此基础上促进保护体系的有效建立。除此之外，在建立保护体系的过程中，路桥施工单位还应当利用完善的制度来对各个职能部门的管理权限与范围进行规范。

（六）完善检测制度

完善检测制度是路桥试验检测技术具体应用的重中之重。在路桥试验检测的过程中，制度体系的完善能够促进其建设效率的有效提升。需要注意的是，我国现今的路桥工程质量管理制度无法有效满足试验检测工作的实际需求，因此路桥施工单位应当通过完善监测制度来提高路桥质量。除此之外，在完善检测制度的过程中，路桥施工单位还应当将检测制度量化，并应建立较为完善的路桥试验检测制度。

试验检测是一项专业性很强的工作，它需要一些规章制度来进行约束，否则会出现比较混乱的情况。因此，施工单位应该制定一些规章制度确保检测数据的准确性和可靠性，从而保证整个路桥工程建设的整体质量。另外，试验检测部门可以及时引进一些先进的设备，使各种检测设备和仪器标准化，保证检测质量，从而保证路桥建设的整体质量。

在试验检测过程中，一般要按照规范的试验检测流程进行检测。一般情况下，路桥试验检测人员在检测前就已经掌握了这个项目的相关原始数据。这些数据能够为试验检测工作提供方便。对于这些原始数据，任何人都不能随意改变，而且检测的流程要严格按照标准流程进行。任何一个环节都不能缺，任何一个环节出问题都要对其采取相应的解决措施。只有按照标准程序进行试验检测，才能减少差错，确保试验结果的准确性，也才能保证路桥工程的施工质量。

试验检测部门建立科学合理的奖罚制度，能够有效地督促检测人员认真、负责、高效地完成整个试验检测过程。对于在试验检测工作中表现优秀的试验检测人员，应当给予一定的奖励，鼓励其在以后的工作中更加认真和负责。对于工作责任心不强，得过且过的试验检测人员，应当进行相应的惩罚，督促其在以后的工作中能够保持一种认真的态度，保证试验检测的质量。

路桥工程试验检测结果是否准确直接关系到工程施工质量的可靠性。因此，相关工作人员必须要对桥梁的试验检测工作给予充分的重视，要不断提高自身的职业素养，合理选择检测方法，要确保能在第一时间内发现桥梁出现的各类故障并给予及时维修，降低安全隐患。

第二章　桥涵混凝土检测技术

桥涵混凝土结构检测可采用不同的技术对应不同的检测要求，检测操作应分别遵守相应检测技术规定。本章分为混凝土强度无损检测、混凝土结构强度半破损检测、混凝土结构缺陷检测三个部分，主要内容包括混凝土强度无损回弹法检测、混凝土强度无损超声回弹综合法检测、混凝土结构强度半破损钻芯法检测、混凝土结构强度半破损拔出法检测。

第一节　混凝土强度无损检测

一、混凝土强度无损回弹法检测

回弹法属于表面硬度法的一种，混凝土的强度与其表面硬度存在内在联系，我们可以通过测量混凝土表面硬度来推定混凝土抗压强度。回弹法是混凝土结构现场检测中最常用的一种非破损检测方法。1948 年，瑞士科学家施密特（E.Schmidt）发明了回弹仪，主要由弹击杆、弹击锤、弹击拉簧、压簧及刻度尺等组成。回弹法的基本原理是利用回弹仪的弹击拉簧驱动仪器内的弹击重锤，通过中心导杆，以一定的冲击动能弹击混凝土的表面，并测出重锤反弹的距离，反弹距离与弹簧初始长度之比称为回弹值，由回弹值与混凝土强度的相关关系来推定混凝土的抗压强度。

（一）测试方法及数据处理

1.测区选择与回弹测量

取一个构件混凝土作为评定混凝土强度的最小单元，至少取 10 个测区。测区宜均匀布置在构件的检测面上，两个相邻测区的间距不宜大于 2 m，测区的大小宜为 20 cm × 20 cm，以能容纳 16 个回弹测点为宜。测区表面应清洁、平整、

33

干燥，尽量选择混凝土浇筑侧面进行水平方向测试，测区应避开外露钢筋和预埋钢板。

测点宜在测区范围内均匀分布，相邻两测点的净距一般不小于 20 mm，测点距构件边缘或外露钢筋、预埋件的距离一般不小于 30 mm，测点应避开气孔和外露石子，同一测点只允许弹击一次，每一测区的两个测试面各弹击 8 个回弹值，如果一个测区只有一个测面，则需弹击 16 个回弹值。

检测时，回弹仪的轴线应始终垂直于结构或构件的混凝土检测面，缓慢施压，准确读数，快速复位。

2. 碳化深度测量

对于既有桥梁，由于受到大气中二氧化碳的作用，混凝土表层的氢氧化钙会逐渐转变成碳酸钙而变硬，使测得的回弹值偏大，此时需根据碳化深度对回弹值进行修正。

碳化深度的测量可采用适当的工具在测区表面形成直径约 15 mm 的孔洞，其深度应大于预计的碳化深度。清除洞中的粉末和碎屑后（注意不能用液体冲洗），立即用 1% ~ 2% 的酚酞酒精溶液滴在孔洞内壁，碳化部分的混凝土不变色，而未碳化部分的混凝土会变成紫红色，然后用碳化深度测定仪等工具测量 3 次，取其平均值，每次读数应精确至 0.25 mm。

3. 回弹值的计算及修正

当用回弹仪从水平方向弹击混凝土浇筑侧面时，应从该测区的 16 个回弹值中剔除 3 个最大值和 3 个最小值，对余下 10 个数据做平均处理。

$$R_m = \sum_{i=1}^{10} \frac{R_i}{10}$$

式中：

R_m——测区回弹均值，精确至 0.1。

R_i——第 i 个测点的回弹值。

当用回弹仪从非水平方向检测混凝土浇筑侧面时，测得的回弹值应按下面的公式进行角度修正。

$$R_m = R_{m\alpha} + \Delta R_\alpha$$

式中：

$R_{m\alpha}$——测试角度为 α 时的测区回弹均值，精确至 0.1。

ΔR_{α}——测试角度为 α 的测区回弹修正值。

当用回弹仪从水平方向检测混凝土浇筑顶面或底面时，测得的回弹值应按下面的公式进行测试面修正。

$$R_m = R_{ms} + \Delta R_s$$

式中：

R_{ms}——在混凝土浇筑顶面或底面测试时的测区回弹均值，精确至0.1。

ΔR_s——在混凝土浇筑顶面或底面测试时的测区回弹修正值。

若仪器处于非水平状态，同时构件测区又非混凝土的浇筑侧面，则应对测得的回弹值先进行角度修正，再进行顶面或底面修正。

（二）回弹测强曲线

回弹法测定结构混凝土强度的基本依据就是回弹值与混凝土抗压强度之间的相关性。这种相关性可用相关曲线（或公式）表示，人们通常称之为测强曲线。目前国内混凝土强度检测的基准曲线有全国测强曲线、地区测强曲线、专用测强曲线。应用最广泛的是采用回弹值和碳化深度两个指标按全国测强曲线来推定混凝土强度。

（三）混凝土强度计算

1. 混凝土强度平均值及标准差

结构或构件混凝土强度平均值可根据各测区的混凝土强度换算值计算，当测区数大于或等于10个构件时，应给出计算强度标准差。

$$m_{f_{cu}^c} = \frac{\sum_{i=1}^{n} f_{cu,i}^c}{n}$$

$$s_{f_{cu}^c} = \sqrt{\frac{\sum_{i=1}^{n} (f_{cu,i}^c)^2 - n(m_{f_{cu}^c})^2}{n-1}}$$

式中：

$m_{f_{cu}^c}$——结构或构件测区混凝土强度换算值的平均值（MPa），精确至0.1 MPa。

$f_{cu,i}^c$——结构或构件第 i 个测区混凝土强度换算值（MPa）。

n——对于单个检测构件，取一个构件的测区数；对于批量检测的构件，取被抽检构件测区数之和。

$s_{f_{cu}^c}$——结构或构件测区混凝土强度换算值的标准差（MPa），精确至 0.1 MPa。

2. 混凝土强度推定值

结构或构件混凝土强度推定值（$f_{cu,e}$）是指相应于强度换算值总体分布中，保证率不低于 95% 的结构或构件中的混凝土抗压强度值，可按下列公式确定：

①当该结构或构件测区数少于 10 个时：

$$f_{cu,e} = f_{cu,min}^c$$

式中：

$f_{cu,min}^c$——结构或构件测区混凝土强度换算值的最小值（MPa）。

②当该结构或构件测区混凝土强度值小于 10.0 MPa 时：

$$f_{cu,e} < 10.0 \text{ MPa}$$

③当该结构或构件测区数不少于 10 个或按批量检测时，应按如下公式计算：

$$f_{cu,e} = m_{f_{cu}^c} - 1.645 s_{f_{cu}^c}$$

对于按批量检测的构件，当该批构件混凝土强度标准差出现下列情况之一时，则该批构件应按照单个构件的要求进行全部检测：

①当该批构件混凝土强度平均值小于 25 MPa，$s_{f_{cu}^c} > 4.5$ MPa 时；

②当该批构件混凝土强度平均值不小于 25 MPa 且不大于 60 MPa，$s_{f_{cu}^c} > 5.5$ MPa 时。

（四）注意事项

①回弹法的误差比较大，因此对比较重要的构件或结构物必须慎重使用。

②符合下列条件的非泵送混凝土才能采用全国测强曲线进行测区混凝土强度换算：混凝土采用的材料，拌和用水符合现行国家有关标准；不掺外加剂或仅掺非引气型外加剂；采用普通成型工艺；采用符合现行国家标准《混凝土结构工程施工质量验收规范》（GB50204—2015）规定的钢模，木模及其他材料制作的模板；自然养护或蒸气养护出池后经自然养护 7 天以上，且混凝土表层为干燥状态；龄期为 14 ～ 1000 天；抗压强度为 10 ～ 60 MPa。

③当有下列情况之一时，测区混凝土强度值不得按全国测强曲线进行测区混

凝土强度换算，可制定专用测强曲线或通过试验进行修正：粗集料最大粒径大于60 mm；特种成型工艺制作的混凝土；检测部位曲率半径小于 250 mm；潮湿或浸水混凝土。

④当构件混凝土抗压强度大于 60 MPa 时，可采用标准能量大于 2.207J 的混凝土回弹仪，并应另行制定检测方法及专用测强曲线进行检测。

⑤批量检测的条件是：在相同的生产工艺条件下，混凝土强度等级相同，原材料、配合比、成型工艺、养护条件基本一致且龄期相近的同类结构或构件。按批进行检测的构件，抽检数量不得少于同批构件总数的 30%，且构件数量不得少于 10 件。抽检构件时，应随机抽取并使所选构件具有代表性。

⑥遵守《回弹法检测混凝土抗压强度技术规程》（JGJ/T 23—2011）的相关规定，做好回弹仪的日常维护和标定。

⑦回弹法检测混凝土强度实际上是利用混凝土表面的硬度信息推定混凝土强度，因此存在很多影响测试结果的因素，如原材料构成、混凝土养护方法及湿度、碳化及龄期、模板种类、外加剂品种、混凝土制作工艺等，这些因素在一定程度上使得测试结果表现出离散性。

⑧龄期 3 年以上的混凝土表面的碳化可能已经达到了相当深度，回弹值已不能准确反映混凝土的强度。因此，不宜采用回弹法测定龄期超过 3 年的混凝土。当混凝土强度超过 C60 时，不能采用回弹法检测混凝土强度。

⑨回弹法具有操作简便、经济、快速等优点，但属于间接测量，精度较低，不能用于仲裁试验。

二、混凝土强度无损超声回弹综合法检测

（一）混凝土超声波检测原理

波动是自然界中普遍存在的一种物质运动形式，机械振动在物体中的传播即为机械波。当机械波的频率在人耳可闻的范围内（20 ～ 20000 Hz）时，称为可闻声波，低于此范围的称为次声波，而超过 20000 Hz 的称为超声波。超声波检测一般用于非破损检测，是以超声波为媒介，获得物体内部信息的一种方法。目前，超声波检测已应用于医疗诊断、钢材探访、混凝土检测等许多领域。混凝土超声波检测是混凝土非破损检测技术中的一个重要方面，其应用主要有两个方面：一是推定混凝土强度；二是测定混凝土内部缺陷。20 世纪 50 年代，我国开始研究这项技术，在 60 年代初即应用于工程检测，发展极为迅速，目前已应用于建筑、

水电、铁道等各类工程的检测中。

目前混凝土超声波检测主要采用穿透法，其基本原理是用一发射换能器重复发射一定频率的超声波，让超声波在所检测的混凝土中传播，然后由接收换能器将信号传递给超声波检测仪，由超声波检测仪所接收的超声波的波速、振幅、频率和波形等波动参数不仅与所测混凝土的力学参数，如弹性模量、泊松比、剪切模量及内部应力分布状态有直接的关系，也与混凝土内部缺陷，如断裂面、孔洞的大小、形状及分布有关。可见，超声波在混凝土中传播时，携带了有关混凝土的材料性能、内部结构及组成的信息，准确测定这些声学参数的大小及变化，可以推断混凝土的强度和内部缺陷等情况。

超声波检测仪是超声波检测的基本装置。它的作用是产生重复的电脉冲去激励发射换能器，发射换能器发射的超声波在混凝土中传播后被接收换能器接收，并转换成电信号放大后显示在示波屏上。超声波检测仪除了产生、接收、显示超声波外，还具有量测超声波有关参数的作用。超声波检测仪可分为非金属超声波检测仪和金属超声波检测仪两大类。

应用超声波检测混凝土性能时，需要将电信号转换成发射探头的机械振动，再向被测介质发送超声波。常用换能器按波形不同分为纵波换能器与横波换能器，分别用于纵波与横波的测量。目前，一般检测中所用的多是纵波换能器，其中又分为平面换能器、径向换能器和一发多收换能器。在混凝土超声波检测中，应根据结构的尺寸及检测目的来选择换能器。平面换能器用于一般结构的表面对测和平测。由于超声波在混凝土中衰减较大，为了使其传播距离较远，混凝土超声波检测时多使用频率在 200 kHz 以下的低频超声波。要使从换能器发出的超声波进入被测体，还必须解决换能器与被测体之间声耦合的问题。采用平面换能器时，由于被测混凝土表面粗糙不平，不论压得多紧，在换能器与被测对象之间仍会有空气夹层存在。由于固体与空气的特性阻抗相差悬殊，当超声波由换能器传播到空气夹层时，超声能量绝大部分被反射而难以进入混凝土。对于接收换能器来说，情况也一样。为此，需要在换能器与混凝土之间加上耦合剂。耦合剂一般是液体或膏体，它们充填二者之间时，排掉了空气，形成耦合剂层，这样就会使大部分超声波进入混凝土。平面换能器的耦合剂一般采用膏体，如黄油、凡士林等。当采用径向换能器在测试孔测量时，通常用水做耦合剂。一般钻好孔后，应进行孔的冲洗，然后注满水，将径向换能器置于孔中即可观测。注意孔中水应尽量不含悬浮物（如泥浆、砂等），因为悬浮物对超声波有较强的散射衰竭，影响振幅的测量。

（二）超声回弹综合法检测的影响因素

超声波检测混凝土强度的基本依据是超声波的传播速度与混凝土的弹性性质有密切关系，而混凝土的弹性性质与混凝土的力学强度存在内在联系，因此，在实际检测中，可以建立超声波声速与混凝土抗压强度之间的相关关系并借以推定混凝土的强度。这样，通过测量超声波声速便可得出混凝土的抗压强度。

混凝土强度检测的综合法，就是采用两种或两种以上的单一方法或参数（力学的、物理的或声学的）联合检测混凝土强度的方法。综合法由于比单一法测试误差小、适用范围广，因此在混凝土质量控制与检测中的应用越来越多。目前已被采用的综合法有超声回弹综合法、超声钻芯综合法、超声衰减综合法等，最常用的测试方法是超声回弹综合法。

超声回弹综合法的影响因素，比单一的超声法或回弹法要小。超声回弹综合法的影响因素及修正方法如表 2-1 所示。

表 2-1 超声回弹综合法的影响因素及修正方法

因素	试验验证范围	影响程度	修正方法
水泥品种及用量	普通水泥，矿渣水泥，粉煤灰水泥；$250 \sim 450\ kg/m^2$	不显著	不修正
细骨料品种及砂率	山砂，特细砂，中砂；$28\% \sim 40\%$	不显著	不修正
粗骨料品种及用量	卵石，碎石，骨灰比为 $1:4.6 \sim 1:5.5$	显著	必须修正或制订不同的测强曲线
粗骨料粒径	$0.6 \sim 2\ cm$，$0.6 \sim 3.2\ cm$，$0.6 \sim 4\ cm$	不显著	$> 4\ cm$ 应修正
外加剂	木钙减水剂，硫酸钠，三乙醇胺	不显著	不修正
碳化深度	—	不显著	不修正
含水率		有影响	尽可能干燥状态
测试面	浇筑侧面与浇筑上表面及地面比较	有影响	对测区声速值、回弹值分别进行修正

（三）超声波检测混凝土强度

超声波检测混凝土强度的基本依据是利用超声波传播速度与混凝土强度之间的相关性，通过声速间接测定混凝土强度。

超声波脉冲实质上是超声波检测仪的高频电振荡激励压电晶体发出的超声

波在介质中的传播。混凝土强度越高，相应的超声波声速也就越大。目前，常用的混凝土强度与超声波声速的相关关系表达式有如下几个：

抛物线方程：

$$f_{cu}^c = A + Bv + Cv^2$$

幂函数方程：

$$f_{cu}^c = Av^B$$

指数函数方程：

$$f_{cu}^c = Ae^{Bv}$$

式中：

f_{cu}^c——混凝土抗压强度换算值（MPa）；

v——超声波在混凝土中的传播速度（km/s）；

A，B，C——经验系数。

测区确定的原则是：每个构件一般少于 10 个测区，间距小于 2 m，均匀分布；尽量选两浇筑侧面，定位准确，避开钢筋；对混凝土表面要进行处理，保证良好耦合。每个测区应在相对测试面上对应布置 3 个测点，并且发射换能器和接收换能器应在同一轴线上。

测区声速的计算公式如下：

$$v = \frac{l}{t_m}$$

$$t_m = \frac{t_1 + t_2 + t_3}{3}$$

式中：

v——测区声速值（km/s），精确至 0.01 km/s。

l——超声波检测距离（mm），精确至 1.0 mm，且测量误差不超过 ±1%。

t_m——测区平均声时值（μs），精确至 0.1 μs。

t_1，t_2，t_3——分别为测区中 3 个测点的声时值（μs），精确至 0.1 μs。

当测试面为混凝土的顶面与底面时，顶面砂浆较多、强度偏低，底面粗骨料较多、强度偏高，综合起来与成型侧面是有区别的。此外，浇筑表面的不平整会使声速偏低，此时应进行声速修正。

$$v_a = 1.034v$$

式中：

v_a——修正后的测区声速值（km/s）。

根据试验测得的声速，可按f_{cu}^c-v曲线求得混凝土的强度换算值。

（四）超声回弹综合法检测混凝土强度

超声回弹综合法检测混凝土强度的适用条件如下：

①混凝土用水泥应符合现行国家标准《通用硅酸盐水泥》（GB 175—2007）的要求；

②混凝土用砂、石集料应符合现行行业标准《普通混凝土用砂、石质量及检验方法标准》（JGJ 52—2006）的要求；

③可掺或不掺矿物掺和料、外加剂、粉煤灰、泵送剂；

④人工或一般机械搅拌的混凝土或泵送混凝土；

⑤自然养护；

⑥龄期 7 ～ 2000 天；

⑦混凝土强度 10 ～ 70 MPa。

结构或构件中第 i 个测区的混凝土抗压强度换算值，可先按以下公式求得修正后的测区回弹代表值 R_{ai} 和声速代表值 v_{ai}，再采用专用测强曲线或地区测强曲线换算得到。专用测强曲线或地区测强曲线应按《超声回弹综合法检测混凝土强度技术规程》（T/CECS 02—2020）的规定绘制，并经工程质量监督主管部门组织审定和批准实施，专用或地区测强曲线的抗压强度相对误差，应按下式计算：

$$e_r = \sqrt{\frac{\sum_{i=1}^{n}(\frac{f_{cu,i}^0}{f_{cu,i}^c}-1)^2}{n}} \times 100\%$$

式中：

e_r——相对误差；

$f_{cu,i}^0$——第 i 个立方体试件的抗压强度实测值（MPa）；

$f_{cu,i}^c$——第 i 个立方体试件的抗压强度换算值（MPa）。

其中，专用测强曲线相对误差为 $e_r \leqslant 12\%$，地区测强曲线相对误差为 $e_r \leqslant 14\%$。

当无专用和地区测强曲线时，可按《超声回弹综合法检测混凝土强度技术规程》（T/CECS 02—2020）规定的全国统一测区混凝土抗压强度换算表换算，也可按下列全国统一测区混凝土抗压强度换算公式计算：

①当粗集料为卵石时：$f_{\text{cu},i}^{\text{c}} = 0.0056 v_{ai}^{1.439} R_{ai}^{1.769}$

②当粗集料为碎石时：$f_{\text{cu},i}^{\text{c}} = 0.016 v_{ai}^{1.656} R_{ai}^{1.410}$

式中：

$f_{\text{cu},i}^{\text{c}}$——结构或构件第 i 个测区混凝土抗压强度换算值（MPa），精确至 0.1 MPa。

当结构或构件中的测区数不少于 10 个时，各测区混凝土抗压强度换算值的平均值和标准差应按下式计算：

$$m_{f_n} = \frac{1}{n} \sum_{i=1}^{n} f_{\text{cu},i}^{\text{c}}$$

$$s_{f_n} = \sqrt{\frac{\sum_{i=1}^{n} (f_{\text{cu},i}^{\text{c}})^2 - n(m_{f_n})^2}{n-1}}$$

式中：

$f_{\text{cu},i}^{\text{c}}$——结构或构件第 i 个测区的混凝土抗压强度换算值（MPa）；

m_{f_n}——结构或构件测区混凝土抗压强度换算值的平均值（MPa），精确到 0.01MPa；

s_{f_n}——结构或构件测区混凝土抗压强度换算值的标准差（MPa），精确到 0.01 MPa；

n——测区数，对单个检测的构件，取一个构件的测区数，对批量检测的构件，取被抽检构件测区数的总和。

当结构或构件所采用的材料及结构或构件的龄期与制定测强曲线时，应采用同条件立方体试件，试件数量不应少于 4 个，或对结构或构件测区中钻取的混凝土芯样试件的抗压强度进行修正，钻芯取样数量不应少于 6 个。

采用同条件立方体试件修正时：

$$\eta = \frac{1}{n} \cdot \sum_{i=1}^{n} \frac{f_{\text{cu},i}^{0}}{f_{\text{cu},i}^{\text{c}}}$$

当采用混凝土芯样试件修正时：

$$\eta = \frac{1}{n} \cdot \sum_{i=1}^{n} \frac{f_{(x)r,i}^{0}}{f_{cu,i}^{c}}$$

式中：

η——修正系数，精确至小数点后两位；

$f_{cu,i}^{c}$——对应于第 i 个立方体试件或芯样试件的混凝土抗压强度换算值（MPa），精确至 0.1 MPa；

$f_{cu,i}^{0}$——第 i 个混凝土立方体试件（边长 150 mm）的抗压强度实测值（MPa），精确至 0.1 MPa；

$f_{(x)r,i}^{0}$——第 i 个混凝土芯样试件（100 mm × 100 mm）的抗压强度实测值（MPa），精确至 0.1 MPa；

n——试件数。

结构或构件混凝土抗压强度推定值，应按下列规定确定。

当结构或构件的测区抗压强度换算值中出现小于 10.0 MPa 的值时，该构件的混凝土抗压强度推定值应小于 10 MPa。

当结构或构件中测区少于 10 个时，用如下公式计算：

$$f_{cu,e} = f_{cu,min}^{c}$$

式中：

$f_{cu,min}^{c}$——结构或构件最小测区的混凝土抗压强度换算值（MPa），精确至 0.1 MPa。

当结构或构件中测区数不少于 10 个或按批量检测时，按如下公式计算：

$$f_{cu,e} = m_{f_{cu,i}} - 1.645 s_{f_{cu}}$$

对按批量检测的构件，当一批构件的测区混凝土抗压强度标准差出现下列情况之一时，该批构件应全部按单个构件进行强度推定：

①一批构件的混凝土抗压强度平均值 $m_{f_{cn}^{c}} < 250$ MPa，标准差 $s_{f_{cn}^{c}} > 4.50$ MPa；

②一批构件的混凝土抗压强度平均值 $m_{f_{cn}^{c}} = 25.0 \sim 50.0$ MPa，标准差 $s_{f_{cn}^{c}} > 5.00$ MPa；

③一批构件的混凝土抗压强度平均值 $m_{f_{cn}^{c}} > 50$ MPa，标准差 $s_{f_{cn}^{c}} > 6.50$ MPa。

第二节　混凝土结构强度半破损检测

一、混凝土结构强度半破损钻芯法检测

钻芯法是利用钻芯机从混凝土中钻取芯样，利用芯样强度对混凝土质量进行评估的一种现场检测方法。与其他的检测方法相比较，钻芯法从混凝土内部钻取芯样，利用芯样抗压强度对现场混凝土质量进行评估，是一种直观、可靠、准确的现场检测方法。当发生以下几种情况时，都可以采用钻芯法对现场构件进行检测：对试块抗压强度结果有怀疑时；因材料、施工或养护不当而发生混凝土质量问题时；混凝土遭受冻害、火灾、化学侵蚀或其他损坏时；需检测经多年使用的建（构）筑物中的混凝土强度时。

需要注意的是，钻芯法检测时需要从构件上钻取一定数量的芯样，或多或少都对现场检测对象造成一定程度的破坏，究其实质，钻芯法是一种半破损或微破损的现场检测方法。近年来，国内大多主张将钻芯法与回弹法等其他现场无损检测方法相结合，综合评判构件的混凝土强度。一方面，利用无损检测的办法，减少钻取芯样对现场检测对象的破坏；另一方面，利用钻芯法的可靠性，提高现场检测精度。

钻芯法主要适用于 C10 以上的混凝土。如混凝土强度过低或龄期过短，钻取的芯样常常比较粗糙，对混凝土芯样的损伤较大，有时甚至无法取出完整的芯样，无法有效地保证检测结果的准确性。

（一）检测设备

1. 钻芯机

钻芯机是钻芯法检测的基本试验设备，其主要作用是从现场混凝土内部选取合格的芯样。通常，被钻芯检测的混凝土强度等级、孔径大小、钻孔位置及操作环境等因素变化很大，因此，在不同的工作条件下，检测所使用的钻芯机的规格也是不同的。通常，钻芯机可分为轻便型、轻型、重型或超重型几种类型。

2. 金刚石薄壁钻头

金刚石薄壁钻头主要由人造金刚石或天然金刚石、金属胎料与钻头简体三大部分组成。钻头根据冷却方式的不同，可分为外冷式与内冷式两大类型，现场检测以内冷式居多。人造金刚石薄壁钻头硬度大，切割效率高，钻取的芯样表面光

滑平整，已在钻芯法现场检测中得到了广泛的应用。

为保证芯样质量，钻芯过程中除需采用合格的钻芯机外，还应根据现场检测的需要，选取合适的钻头。若钻头胎体有裂纹、缺边少角、倾斜及喇叭口变形或径向跳动过大，均不应使用，否则不但影响钻头寿命，而且还影响芯样质量。

3. 锯切机

现场钻取芯样后，常需采用锯切机将芯样加工成满足一定长度的抗压试件。为保证加工完成的芯样表面平整光滑并与主轴垂直，一般应采用金刚石锯片，锯片直径要求大于芯样切割厚度 3 倍以上，锯片旋转线速度宜控制为 40 ～ 45 m/s。锯切机主要由电动机、锯片、芯样夹具、推移系统及冷却系统五大部分组成。

锯切机按照切割方式主要可以分为两大类型：一类是圆锯片不能移动，但工作台可以移动；另一类是圆锯片平行移动，但工作台不能移动。无论采用哪种形式的锯切机，芯样都必须采用夹紧装置固定，有些小型锯切机没有夹紧装置，只用手扶芯样进行切割。这不仅无法保证芯样质量，还存在较大的安全隐患。

4. 端面补平机具

从现场钻取的芯样经切割加工以后，其端面几何尺寸或平整程度往往都无法达到相关标准要求，此时需要对芯样进行磨平或补平处理。抗压芯样试件的端面处理，可采取在磨平机上磨平端面的处理方法，也可采用硫黄胶泥或环氧胶泥补平，补平层厚度不宜大于 2 mm。抗压强度低于 30 MPa 的芯样试件，不宜采用磨平端面的处理方法；抗压强度高于 60 MPa 的芯样试件，不宜采用硫黄胶泥或环氧胶泥补平的处理方法。

5. 钢筋探测仪

钢筋探测仪是一种利用电磁感应原理检测钢筋位置的现场检测设备。钻取芯样前，可用钢筋探测仪确定混凝土内部钢筋的准确位置，以避免钢筋等金属物品对芯样或钻芯机具的破坏。目前，国产钢筋探测仪可以比较准确地测定距混凝土表面 10 ～ 150 mm 范围内的钢筋位置，测试误差为 ±（1 ～ 3）mm，可基本满足现场取芯工作的需要。

（二）影响芯样强度的因素

芯样的抗压强度除了取决于混凝土本身的质量以外，还受其他试验条件的影响。芯样的尺寸、端部的状态、芯样形状、干湿状态、是否含有钢筋、钻取方向等因素都对其有较大的影响。在进行芯样抗压试验以前，必须确立一种标准状态，使芯样试验条件基本一致。当芯样与标准状态有差异时，应对试样进行加工，或对试验结果进行经验型修正。

1. 芯样的尺寸

圆柱体试件尺寸效应对其抗压强度有显著的影响。试验研究表明，在抗压试验中，使用直径为 100 mm 的芯样试件的标准差相对较小，使用小直径芯样试件可能会造成样本的标准差增大，因此宜使用直径为 100 mm 的芯样试件确定混凝土抗压强度值。编制组的试验结果表明，直径为 70～75 mm 的芯样试件抗压强度值的平均值与直径为 100 mm 的芯样试件抗压强度值的平均值基本相当。因此，抗压芯样试件宜使用直径为 100 mm 的芯样，且其直径不宜小于骨料最大粒径的 3 倍。当构件中钢筋较密、构件较小或钻孔孔径对构件工作性能有较大影响时，也可使用小直径芯样，但其直径应不小于 70 mm 且不得小于骨料最大粒径的 2 倍。

当进行芯样抗压试验时，芯样上下板面与试验机上下压板之间的摩擦力造成"环箍效应"，使芯样的高径比对试验结果产生较大的影响，高径比越大，则测得的抗压强度值越低。因此，相关标准规定以一定高径比对不同高径比的芯样试验强度值进行修正。

在钻芯过程中，由于受到钻机振动、钻头偏摆等因素的影响，芯样的直径在各个方向上并不十分均匀，故通常用平均直径表示芯样试件的直径。在测量芯样的平均直径时，应用游标卡尺在芯样试件上部、中部和下部相互垂直的两个位置上共测量 6 次，取测量的算术平均值作为芯样试件的直径，精确至 0.5 mm。芯样试件的高度可采用钢卷尺或钢板尺进行测量，精确至 1.0 mm。

2. 芯样端面与轴线之间的垂直度

偏差过大会降低芯样试件的抗压强度。试验证明，当垂直度不超过 1° 时，对试验结果影响不明显。因此，芯样试件的垂直度应控制在 1° 以内。垂直度的测量方法：用游标量角器测量两个端面与母线的夹角，取其最大值作为芯样垂直度，精确至 0.1°。测量时，应将游标量角器的两只脚分别紧贴于芯样试件的侧面和端面，测出其最大偏差，一个端面测完后再测另一个端面。

3. 钢筋位置

若芯样试件中存在钢筋，将会对抗压试验结果产生较大的影响。其影响程度因钢筋在芯样试件中位置的不同而不同。与芯样试件轴线平行的纵向钢筋将严重影响芯样试件的抗压强度，因此，芯样试件中不允许存在与芯样试件轴线平行的纵向钢筋。与芯样试件轴线垂直的横向钢筋对芯样试件抗压强度的影响较为复杂：若钢筋较细，其影响相对较小，甚至还有一定的防止芯样试件横向膨胀的作用，但若钢筋位于芯样试件周边，则会使芯样试件抗压强度有较大程度的降低。因此，《钻芯法检测混凝土强度技术规程》（JGJ/T 384—2016）规定抗压芯样试件内不宜含有钢筋，也可有一根直径不大于 10 mm 的钢筋，且钢筋应与芯样试件的轴线垂直并离开端面 10 mm 以上。

4. 芯样的干湿状态

芯样试件的含水状态对其抗压强度有较大的影响。为了使芯样试件具有较好的代表性，在对芯样试件进行抗压强度试验时，可采用与现场结构混凝土一致的干湿条件。

5. 芯样的端面状态

用钢板尺或角尺紧靠在芯样试件端面上，一面转动钢板尺，一面用塞尺测量钢板尺与芯样试件端面之间的缝隙。芯样试件的端面如果不平整，会使试件与压力机之间局部接触，因而导致应力集中，使实测强度偏低。

当芯样试件表面不平整时，通常可采用硫黄胶泥或环氧胶泥对其进行补平，补平后的芯样试件应满足相关标准规范要求。当芯样试件尺寸偏差或外观质量出现下列情况时，芯样试件一般不得用于抗压试验：芯样试件的实际高径比（H/d）小于要求高径比的 0.95 或大于 1.05 倍；芯样试件端面与轴线的不垂直度超过 1°；芯样试件端面的不平整度在每 100 mm 长度内超过 0.1 mm；沿芯样试件高度的任一直径与平均直径相差超过 1.5 mm；芯样试件有较大缺陷。

（三）钻芯法检测混凝土强度

芯样抗压试验可按现行国家标准《混凝土物理力学性能试验方法标准》（GB/T 50081—2019）中对立方体试样抗压试验的规定进行。试验时应注意保持芯样试件与被测构件湿度基本一致。若结构物比较干燥，芯样试件应在室内自然干燥 3 d 以上再进行抗压试验；若结构比较潮湿，芯样试件应在（20±5）℃清水中浸泡 40 ～ 48 h，从水中取出擦拭后立即进行抗压试验。

在进行抗压试验时，所测得的芯样试件的抗压强度应换算成相应于测试龄期的、边长为 150 mm 的立方体试件的抗压强度值。

芯样试件的混凝土强度换算值可按如下公式计算：

$$f_{\text{cu,cor}} = \beta_{\text{c}} \frac{F_{\text{c}}}{A_{\text{c}}}$$

式中：

$f_{cu,cor}$——芯样试件抗压强度值（MPa），精确至 0.1MPa；

F_c——芯样试件抗压试验的破坏荷载（N）；

A_c——芯样试件抗压截面面积（mm²）；

β_c——芯样试件强度换算系数，取 1.0。

当有可靠试验依据时，芯样试件强度换算系数也可根据混凝土原材料和施工工艺情况通过试验确定。

单个构件或单个结构的局部区域可用芯样试件强度换算值中的最小值作为其代表强度或强度推定值。

二、混凝土结构强度半破损拔出法检测

（一）拔出法技术概述

拔出法是先将锚固件安装在混凝土中，通过拉拔安装在混凝土中的锚固件，测定极限拔出力，并根据预先建立的极限拔出力和混凝土抗压强度之间的相关关系推定混凝土抗压强度的一种微破损检测方法。

拔出法可以分为两类，即后装拔出法和预埋拔出法。

后装拔出法按照反力支承方式不同分为三点式和圆环式两种类型。

后装拔出法：在已硬化的混凝土表面钻孔、磨槽、嵌入锚固件并安装拔出仪进行拔出检测，进而推定混凝土的抗压强度。

预埋拔出法：对预先埋置在混凝土中的锚盘进行拔出检测，测定极限拔出力，进而推定混凝土的抗压强度。

LOK 试验技术是预埋拔出法中的代表，在混凝土表层下一定距离处预先埋入一个钢制锚固件，混凝土硬化后，通过锚固件施加拔出力，当拔出力增至一定限度时，混凝土将沿着一个与轴线呈一定角度的圆锥面破裂，并最后拔出一个类圆锥体。LOK 试验仪是丹麦技术大学于 20 世纪 60 年代后期研制成功的，在世界上许多国家得到广泛使用，我国研制的 TYL 型混凝土拔出试验仪与丹麦的 LOK 试验仪基本相同。

（二）拔出法检测装置

1.基本要求

拔出法检测装置由钻孔机、磨槽机、锚固件及拔出仪等组成。钻孔机、磨槽

机及拔出仪必须具有制造工厂的产品合格证，拔出仪还必须经法定计量部门校准合格。拔出法检测装置分为圆环式后装拔出法检测装置、三点式后装拔出法检测装置和预埋拔出法检测装置。

2. 拔出仪

拔出仪由加荷装置、测力系统及反力支承三部分组成，主要技术性能要求如下：

①试件破坏荷载应大于测力系统全量程的 20% 且小于测力系统全量程的 80%。

②允许示值误差为测力系统全量程的 ±2%。

③圆环式测力仪工作行程 ≥ 4 mm。

④三点式测力仪工作行程 ≥ 6 mm。

⑤测力系统应具有峰值保持功能。

当遇有下列情况之一时，拔出仪应送计量单位进行校准：新仪器启用前；经维修后；出现异常时；达到校准有效期限（有效期限为一年）；遭受严重撞击或其他损害。

3. 钻孔机

钻孔机可采用金刚石薄壁空心钻或冲击电锤，金刚石薄壁空心钻应有冷却水装置。钻孔机宜有控制垂直度及深度的装置。

4. 磨槽机

磨槽机由电钻、金刚石磨头、定位圆盘及冷却水装置组成。为保证胀簧锚固台阶外径满足要求，应经常检查金刚石磨头的外径，及时更换磨头。

（三）后装拔出法

后装拔出法是针对预埋拔出法的缺点，为了对没有埋设锚固件的混凝土也能进行类似的试验，在预埋拔出法的基础上逐步发展起来的。采用后装拔出法进行现场检测时，只需要避开钢筋或铁杆位置，在已硬化的新旧混凝土的各种构件上都可以进行。

当现场结构缺少混凝土强度有关试验资料时，后装拔出法是非常有价值的一种检测方法。后装拔出法由于适应性强、检测结果可靠性高，已成为许多国家关注和研究的混凝土强度现场检测技术。我国对后装拔出法研究较多，并已取得了不少科研成果。

1. 测点布置

测点布置应符合下列规定。

①按单个构件检测时，应在构件上均匀布置 3 个测点。当 3 个拔出力中的最大拔出力和最小拔出力与中间值之差的绝对值均小于中间值的 15% 时，可仅布置 3 个测点；当最大拔出力或最小拔出力与中间值之差的绝对值大于中间值的 15%（包括两者均大于中间值的 15%）时，应在最小拔出力测点附近再加测 2 个测点。

②当同批构件按批抽样检测时，抽检数量应符合现行国家标准《建筑结构检测技术标准》（GB/T 50344—2019）的有关规定，每个构件宜布置 1 个测点，且最小样本容量不宜少于 15 个。

③测点宜布置在构件混凝土成型的侧面，当不能满足这一要求时，可布置在混凝土浇筑面。

④在构件的受力较大及薄弱部位应布置测点，相邻两测点的间距应不小于 250 mm；当采用圆环式拔出仪时，测点距构件边缘应不小于 100 mm；当采用三点式拔出仪时，测点距构件边缘应不小于 150 mm；测试部位的混凝土厚度不宜小于 80 mm。

⑤测点应避开接缝、蜂窝、麻面部位以及钢筋和预埋件。

2. 钻孔与磨槽

在钻孔过程中，钻头应始终与混凝土测试面保持垂直，垂直度偏差应不大于 3%。在混凝土孔壁磨环形槽时，磨槽机的定位圆盘应始终紧靠混凝土测试面回转，磨出的环形槽形状应规整。成孔尺寸应符合下列规定：钻孔直径允许偏差为 ±1.0 mm；钻孔深度应比锚固深度深 20～30 mm；锚固深度应符合相关规定，允许偏差为 ±0.5 mm；环形槽深度应不小于胀簧锚固台阶宽度。

3. 拔出试验

试验时，应使胀簧锚固台阶完全嵌入环形槽内。拔出仪应与锚固件用拉杆连接对中，并与混凝土测试面垂直。施加拔出力应连续均匀，其速度应控制在 0.5～1.0 kN/s 范围内。拔出力应施加至混凝土破坏、测力显示器读数不再增加为止。记录的极限拔出力值应精确至 0.1 kN。对结构或构件进行检测时，应采取有效措施防止拔出仪及机具脱落摔坏或伤人。

当拔出试验出现下列情况之一时，应做详细记录，并将该值舍去，在该测点附近补测一个测点：锚固件在混凝土孔内滑移或断裂；被测构件在拔出试验时出现断裂；反力支承内的混凝土仅有小部分破损或被拔出，而大部分无损伤；在拔出混凝土的破坏面上，有粒径大于 40 mm 的粗骨料粒管，有蜂窝、空洞、疏松等缺陷，有泥土、砖块、煤块、钢筋、铁件等异物；当采用圆环式拔出法检测装置时，试验后在混凝土测试面上见不到完整的环形压痕；在支承环外出现混凝土裂缝。

（四）预埋拔出法

1. 测点布置

预埋件的布点数量和位置应预先规划确定。对单个构件检测时，应至少设置 3 个预埋点；当按批抽样检测时，抽检数量应根据检测批的样本容量，按现行国家标准《建筑结构检测技术标准》（GB/T 50344—2019）的有关规定确定，且被抽检构件每个至少要有 1 个预埋点，同批预埋点总数不宜少于 15 个。

预埋点相互之间的距离不应小于 250 mm；预埋点离混凝土边沿的距离不应小于 100 mm；预埋点部位的混凝土厚度不宜小于 80 mm；预埋件与钢筋边缘间的净距离不应小于 25 mm。

2. 检测前期工作

预埋拔出法的操作步骤为：安装预埋件、浇筑混凝土、拆除连接件、拉拔锚盘、拔出试验。

锚盘、定位杆和连接圆盘连接组成预埋件。在连接圆盘、锚盘和定位杆外表宜薄涂一层机油或其他隔离剂，以便拆除连接圆盘、定位杆等。

在浇筑混凝土前，预埋件应安装在划定测点部位和模板内侧。连接圆盘与模板牢固连接。当测点在浇筑顶面时，应将连接圆盘牢固连接在木板上，确保木板漂浮在混凝土表面。

在混凝土浇筑振捣的过程中，应注意不损伤预埋件，同时预埋件附近的混凝土应与其他部位同样浇筑振捣密实，不得漏振。

混凝土拆模后应预先将定位杆旋松；在进行拔出试验前，应把连接圆盘和定位杆拆除。

3. 拔出检测

拔出检测前，应确认预埋件未受损伤，并检查拔出仪工作状态是否正常。

拔出检测时，应将拉杆一端穿过小孔旋入锚盘中，另一端与拔出仪连接。拔出仪的反力支承应均匀地压紧混凝土测试面，并与拉杆和锚盘处于同一轴线。

施加的拔出力应连续均匀，速度应控制在 0.5 ～ 1.0 kN/s 范围内。施加的拔出力至混凝土开裂破坏、测力显示器读数不再增加为止，记录极限拔出值（精确至 0.1 kN）。

对结构或构件进行检测时，应采取有效措施防止拔出仪及机具脱落摔坏或伤人。

拔出检测后，应对拔出检测造成的混凝土破损部位进行修补。

当出现下列情况之一时，可采用后装拔出法进行补充检测：对单个构件检测时，因预埋件损伤或异常导致有效测点不足 3 个；按批抽样检测时，因预埋件损伤或数据异常导致样本容量不足 15 个，无法按批进行推定。

（五）混凝土强度换算及推定

1. 混凝土强度换算

混凝土强度换算值可按下列公式计算：

后装拔出法（圆环式）的计算公式如下：

$$f_{cu}^c = 1.55F + 2.35$$

后装拔出法（三点式）的计算公式如下：

$$f_{cu}^c = 1.55F + 2.35$$

预埋拔出法（圆环式）的计算公式如下：

$$f_{cu}^c = 1.28F - 0.64$$

式中：

f_{cu}^c——混凝土强度换算值（MPa），精确至 0.1 MPa；

F——拔出力（kN），精确至 0.1 kN。

2. 混凝土强度推定

（1）单个构件的混凝土强度推定

单个构件的拔出力代表值，应按下列规定取值：

①当构件 3 个拔出力中的最大和最小拔出力与中间值之差的绝对值均小于中间值的 15% 时，取最小值作为该构件的拔出力代表值；

②当需要加测时，加测的 2 个拔出力值和最小拔出力值一起取平均值，再与前一次的拔出力中间值进行比较，取小值作为该构件的拔出力代表值。

将单个构件的拔出力代表值根据不同的检测方法对应代入上面的公式中计算强度换算值作为单个构件的混凝土强度推定值 $f_{cu,e}$。

$$f_{cu,e} = f_{cu}^c$$

（2）批抽检构件的混凝土强度推定

将同批构件抽样检测的每个拔出力作为拔出力代表值，根据不同的检测方法对应代入上面的公式中计算强度换算值。

混凝土强度的推定值 $f_{cu,e}$ 可按下列公式计算。

$$f_{cu,e} = m_{f_{cu}^c} - 1.645 S_{f_{cu}^c}$$

$$m_{f_{cu}^c} = \frac{1}{n}\sum_{i=1}^{n} f_{cu,i}^c$$

$$s_{f_{cu}^c} = \sqrt{\frac{\sum_{i=1}^{n}(f_{cu,i}^c - m_{f_{cu}^c})^2}{n-1}}$$

式中：

$s_{f_{cu}^c}$——检验批中构件混凝土强度换算值的标准差（MPa），精确至 0.01 MPa；

m——批抽检的构件数；

n——批抽检构件的测点总数；

$f_{cu,i}^c$——第 i 个测点混凝土强度换算值（MPa）；

$m_{f_{cu}^c}$——批抽检构件混凝土强度换算值的平均值（MPa），精确至 0.1MPa。

对于按批抽样检测的构件，当全部测点的强度标准差或变异系数出现下列情况时，该批构件应全部按单个构件进行检测：

①当混凝土强度换算值的平均值不大于 25 MPa 时，$s_{f_{cu}^c}$ 大于 4.5 MPa；

②当混凝土强度换算值的平均值大于 25 MPa 且不大于 50 MPa 时，$s_{f_{cu}^c}$ 大于 5.5 MPa。

③当混凝土强度换算值的平均值大于 50 MPa 时，$s_{f_{cu}^c}$ 大于 6.15 MPa。

变异系数可按下式计算：

$$\delta = \frac{s_{f_{cu}^c}}{m_{f_{cu}^c}}$$

第三节　混凝土结构缺陷检测

一、混凝土浅裂缝检测

浅裂缝是指局限于结构表层、开裂深度不大于 500 mm 的裂缝。在实际检测时，一般可以根据结构物的断面尺寸和裂缝的宽度及走向，大致估计被测的是浅裂缝还是深裂缝。对于浅裂缝可采用平测法和斜测法。

（一）平测法

当结构的裂缝部位只有一个表面可供检测时，可采用平测法进行裂缝深度检测。若由平测法测得超声波的传播时间为 t，则裂缝的深度 h_{ci} 可按以下公式进行计算：

$$h_{ci} = \frac{L}{2} \sqrt{(\frac{t_i^0}{t_i})^2 - 1}$$

式中：

h_{ci}——裂缝深度（mm）。

t_i，t_i^0——分别代表测距为 L 时不跨缝、跨缝平测的声时值（μs）。

L——平测时的超声波传播距离（mm）。

实际检测时，应根据规范进行不同距离（L 取 100 mm、150 mm、200 mm 等）的多次测量，取均值作为该裂缝的深度值。

实际检测时，裂缝中不得有水和泥浆，因为以声时推算浅裂缝深度是假定裂缝中充满空气，声波绕过裂缝末端传播；若裂缝中有水或泥浆，则声波经水介质耦合穿过裂缝，不能反映裂缝的真实深度。当有钢筋穿过裂缝且与换能器的连线大致平行靠近时，则沿钢筋传播的超声波首先到达接收换能器，测试结果也不能反映裂缝的深度。因此布置测点时，应注意使换能器的连线至少与该钢筋的轴线相距 1.5 倍的裂缝预计深度，以减小测量误差。

（二）斜测法

当结构的裂缝部位有两个相互平行的测试面时，可采用斜测法检测。将发射换能器和接收换能器分别置于对应点的位置，在发射、接收换能器的连线通过裂缝和不通过裂缝的测试距离相等、倾斜角一致的条件下，读取相应的声时值 t_i、波幅 A_i 和频率值 f_i。当发射、接收换能器的连线通过裂缝时，由于混凝土的不连续性，超声波在裂缝界面上产生很大衰减，接收到的超声波信号微弱，其波幅和频率与不通过裂缝的测点值有很大差异。对比各测点信号，根据波幅和频率的突变可以判定裂缝的深度。斜测法检测裂缝深度具有直观、可靠的特点，若条件许可适宜优先选用。

二、混凝土深裂缝检测

深裂缝是指混凝土结构表面开裂深度在 500 mm 以上的裂缝。深裂缝一般发生在大体积混凝土中，可采用钻孔探测法。

钻孔探测法是在裂缝两侧钻成测试通道，通过超声波声学参数的变化规律来判定裂缝深度的一种方法。钻孔的孔距一般为 2000 mm，通常采用径向振动式换能器进行测试。在裂缝两侧分别钻测试孔 A、B，并在裂缝一侧多钻一个较浅的孔 C，测试无裂缝混凝土的声学参数，供对比判别之用。

测试前向测试孔中灌注清水，作为耦合介质，将发射和接收换能器分别置入两侧对应的孔中，以相同高程等距自上向下同步移动，在不同的深度上进行对测，逐点读取声时和波幅数据，并绘制换能器的深度（h）和对应波幅值（A）的 h-A 坐标图。波幅值随换能器下降的深度逐渐增大，当波幅达到最大并基本稳定时，该位置所对应的深度便是裂缝深度。

三、混凝土内部缺陷检测

超声波法检测混凝土内部不密实区域或空洞的原理，是根据各测点的声时、波幅、频率值、波形的相对变化确定异常点的位置，从而判断缺陷的范围。

（一）平面对测

当结构被测部位具有两对相互平行的测试面时，可采用对测法。在测区的两对相互平行的测试面上分别画出间距为 200～300 mm 的网格，确定测点位置。

（二）平面斜测

当只有一对相互平行的测试面时，可采用斜测法，即在测区的两个相互平行的测试面上分别画出交叉测试的两组测点位置。

（三）测试孔检测

当结构的测试距离较大时，可在测区适当位置钻一个或多个平行于侧面的测孔，测孔的直径一般为 45～50 mm，测孔的深度应视检测需要而定。结构侧面采用轴向振动式换能器，一般用黄油耦合；测孔中使用径向振动式换能器，用清水做耦合剂。

测试时，记录每一测点的声时、波幅、频率和测距。当某些测点出现声时延长、声能被吸收和散射、波幅降低、高频部分明显衰减等异常情况时，通过对比相同条件下混凝土的声学参数，可确定混凝土内部存在的不密实区域和空洞范围。

四、混凝土表层损伤检测

冻害、高温或化学腐蚀会引起混凝土表面层损伤。检测表面损伤层厚度时，被测部位和测点的确定应满足下列要求：根据构件的损伤情况和外观质量选取有代表性的部位布置测位；构件被测部位表面应平整并处于自然干燥状态，且无接缝和饰面层；检测时，为保证检测结果的可靠性，宜做局部破损验证。

（一）检测方法

用超声法检测混凝土表面损伤层厚度的方法大致有两种：一是单面平测法；二是逐层穿透法。

1. 单面平测法

此法可应用于仅有一个可测表面的结构，也可应用于损伤层位于两个对应面上的结构或构件。将发射换能器置于测试面某一点保持不动，再将接收换能器以测距 30 mm、60 mm、90 mm 等依次置于各点，读取相应的声时值。每一测位的测点数不得少于 6 个，当损伤厚度较厚时，应适当增加测点数；当构件的损伤层厚度不均匀时，应适当增加测位数量。当采用平测法对表面损伤层进行检测时，宜选用 30 ~ 50 kHz 的低频厚度振动式换能器。

2. 逐层穿透法

在损伤结构的一对平行表面上分别钻出一对不同深度的测孔，孔径为 50 mm 左右。然后用直径小于 50 mm 的平面式换能器，分别在不同深度的一对测孔中进行测试，读取声时值和测试距离，并计算其声速值。或者在结构的同一位置先测一次声速，然后凿开一定深度的测孔，在孔中测一次声速；再将测孔增加一定深度，再测声速，直至两次测得的声速之差小于 2% 或接近最大值时为止。

（二）数据处理及判断

当采用单面平测法时，先将各测点的声时测值和相应的测距值绘制成时距坐标图，以此求得声速改变所形成的转折点，该点前、后分别表示损伤和未损伤混凝土的测距与声时的相关直线。然后用回归分析方法分别求出损伤、未损伤混凝土的测距与声时的回归直线方程。

损伤混凝土：

$$l_f = a_1 + b_1 t_f$$

未损伤混凝土：

$$l_a = a_2 + b_2 t_a$$

式中：

l_f——拐点前各测点的测距（mm）；

t_f——对应于拐点前各测距的声时（μs）；

l_a——拐点后各测点的测距（mm）；

t_a——对应于拐点后各测距的声时（μs）。

a_1，a_2，b_1，b_2——直线的回归系数，分别为损伤和未损伤混凝土直线的截距和斜率。

采用单面平测法检测的损伤层厚度 h_f（mm）可按以下公式计算：

$$l_0 = \frac{a_1 b_2 - a_2 b_1}{b_2 - b_1}$$

$$h_f = \frac{l_0(b_2 - b_1)}{2(b_2 + b_1)}$$

当采用逐层穿透法检测时，可以将每次测量的声速值和测孔的深度值绘制成声速 - 深度曲线。当声速基本趋于稳定时，该位置的测孔深度便是混凝土损伤层的厚度。

第三章　桥梁荷载试验

对桥梁结构进行荷载试验是目前常用的一种鉴定桥梁结构性能的方法。该方法主要通过在结构上直接加载重物，然后进行结构参数的采集，以此来判断结构的特性。桥梁荷载试验是一项实践性很强的技术，其涉及面广泛，内容较多，需要扎实的基础理论与相应的专业知识。本章分为桥梁静载试验、桥梁动载试验、旧桥检测与评估三部分，主要内容包括桥梁静载试验概述、桥梁静载试验方案设计、桥梁静载试验数据整理分析、桥梁动载试验方案设计、检测与评估的内容方法等方面。

第一节　桥梁静载试验

一、桥梁静载试验概述

（一）桥梁静载试验的目的

桥梁荷载试验分为静载试验和动载试验。静载试验就是将静止的荷载作用于桥梁上的指定位置，测试结构的静应变、静位移及裂缝等，从而推断桥梁结构在荷载作用下的工作状态和使用能力。

桥梁结构包括上部结构和下部结构两部分。因此，桥梁结构的静载试验可以分为上部结构试验和下部结构试验。上部结构有梁桥、拱桥、刚构桥、斜拉桥、悬索桥等各种体系，下部结构包括桥墩、桥台、基础三部分。按照技术上可行、经济上合理的原则，它们之间可以组合成各式各样的桥梁结构形式。为了能够较为客观地反映桥梁结构的工作性能，桥梁检测一般采用实桥现场检测。对于桥梁结构来说，静载通常是指缓慢行驶到桥上的指定荷重级别的车辆荷载。当试验现场条件受限制时，有时也以施加荷重（如堆置铸铁块、水泥、预制块件、水箱等）或者以液压千斤顶等方式来模拟某一等级的车辆荷载。一般地，桥梁静载试验主要是解决以下问题。

第一，检验桥梁结构的设计与施工质量，验证结构的安全性与可靠性。对于大、中跨度桥梁，要求在竣工之后，通过试验来具体鉴定其工程质量的可靠性，并将试验报告作为评定工程质量优劣的主要依据之一。

第二，验证桥梁结构的设计理论与计算方法，充实与完善桥梁结构的计算理论与施工技术，积累科学技术资料。随着交通事业的不断发展，采用新结构、新材料、新工艺的桥梁结构日益增多，这些桥梁在设计、施工中必然会遇到一些新问题，其设计计算理论或设计参数需要通过桥梁试验予以验证或确定。

第三，掌握桥梁结构的工作性能，判断桥梁结构的实际承载能力。目前，我国已建成了数十万座各种类型的桥梁，在使用过程中，有些已不能满足通行荷载的要求，有些由于各种原因而产生不同程度的损伤与破坏，有些由于设计或施工的问题本来就存在各种缺陷。对于这些桥梁，通常要采用试验的方法来确定其承载能力和使用性能，并由此确定限载方案或加固改造方案，特别是对于那些原始设计施工资料不全的既有桥梁，为了确定其承载能力与使用条件，静载试验是必不可少的。

（二）桥梁静载试验的检测仪器

桥梁静载试验需要量测的参数是多种多样的，包括外力（如支座反力、外荷载等）、变形（如挠度、转角、几何变形等）、裂缝（开展过程、开裂宽度）及试验时温度、湿度、风力等。因此，用于桥梁静载试验的量测仪器的种类也是非常多的，若按其用途可分为量测应变的仪器、量测位移或挠度的仪器、量测裂缝的仪器等。

1. 量测应变的仪器

在静载试验中，用于量测桥梁结构构件应变的仪器主要包括机械式应变仪及电阻应变仪两类。

（1）机械式应变仪

机械式应变仪又分为千分表、手持式应变仪及杠杆式应变仪等。其构造、工作原理及使用方法等介绍如下。

1）千分表

千分表的使用注意要点如下。

①以粘贴或预埋的方式，固定两种铝制表架于待测部位表面上、标距为 L 的两点之间，一只表架安装千分表，另一只表架安装顶杆。

②当结构变形时，可从表上读出两点间标距的变形值 Δl，由此可得出应变值 $\Delta l/L$。

2）手持式应变仪

手持式应变仪的使用注意要点如下。

①测试前，先在构件上安设测孔或脚标，钢结构可在杆件上直接钻孔，圬工或木质构件则可粘贴特制的钢脚标（用环氧树脂胶黏剂粘贴）。

②测试时，把手持式应变仪的尖形插轴插入测孔或脚标孔穴内，当结构变形时，同样可从千分表中读得变形前后读数，两数之差即为变形值，从而得出应变值。

③因仪器无须固定，一台仪器能测多点应变，特别适用于多点测量和长期观察应变。

常用的手持式应变仪有天津 YB-25 型、同济型、W-1 型和 W-2 型。

3）杠杆式应变仪

杠杆式应变仪亦称双引伸仪，形式多样，构造原理基本相同，最常用的为 A 型。安装杠杆应变仪时，应特别注意紧固工作，安装好后应检查安装质量。

（2）电阻应变仪

电阻应变仪包括电阻丝应变片和应变测定电桥两个主要组成部分。测定时将电阻应变片粘贴在预测构件上，应变片内的电阻丝随着构件的变形而产生相应的变形，随着电阻丝的变形，由测定电桥测得电阻值的变化，从而换算出构件的应变数值。

每个静态应变仪都可以接预调平衡箱，每个预调平衡箱有 20 个接点，可接通 20 个测点，测量时通过转换开关，可依次接通各测点进行测量。

2. 量测位移或挠度的仪器

（1）电阻应变式位移计

电阻应变式位移计的主要部件是弹性好、强度高，用青铜材料制成的悬臂弹簧片，弹簧片固定于仪器的外壳上。在弹片的固定端粘贴四片应变片。当测轴随构件位移而移动时，传力弹簧使簧片产生挠曲，从而使簧片固定端产生应变，通过电阻应变仪即可测得试件的位移或挠度。

（2）简易挠度计

简易挠度计可自制，成本低廉，安装简单，其放大倍数可达 10 ～ 20 倍，精确度可达 0.1 mm 左右，量程可达 10 mm，这在许多场合下均能满足使用要求。

所悬挂的重物质量在 2 ～ 3 kg，钢丝直径一般为 0.2 ～ 1.3 mm，指针（杠杆）

可用板条或金属片制成。当桥梁不太高，桥下无水，能建立不动点，且精确度要求不高时，可用简易挠度计测挠度。

（3）百分表和千分表

百分表和千分表这类仪器的使用方法主要有两种：一是将仪器安装在结构的测点上，而将测杆支在不动点上；二是将仪器固定在不动点上，而将测杆支在结构的测点上。

这类仪器的优点是构造简单，使用方便，价格低廉，准确度高；缺点是量程较小，常常不能满足结构试验的要求。

（4）静载挠度仪

静载挠度仪为量测结构静挠度的最基本仪器，已被广泛使用，仪器采用摩擦轮传动和放大，装有两个刻度盘，一个刻画在大摩擦轮上，可从仪器面板上的槽口内窥见。仪器的量程无限，只需记住刻度轮的连续转数，把刻度轮的读数加上面板的读数即为总读数。读数的精度为 0.1 mm，目估可达 0.05 mm。

在使用挠度仪时，可先用特制卡具将仪器固定在结构上或附近的不动点上，然后用细钢丝的一头接在欲测点上，另一头绕过挠度计的转轮，并用重锤悬挂。当梁跨受荷载作用产生挠度时，挠度仪及锤随之下移，锤的移动带动转轮转动，即可读出梁跨的挠度。

（5）精密水准仪

当结构的挠度较大，且测读的精确度只要求在 1～2 mm 范围内时，可用精密水准仪配合标尺测量结构的最大挠度值。

在量测时，可先在需要测挠度的位置上设置标尺，然后根据地形条件安放水准仪。观测加载前后的标尺位置即可得挠度值。

3. 量测裂缝的仪器

裂缝的观察和查找，一般靠眼力或借助放大镜。需要准确地发现第一批裂缝时，可用连续搭接布置杠杆应变仪等方法解决。目前，量测裂缝的方法还包括导电漆膜法、脆性漆法、贴片光弹法、超声波法等。

裂缝宽度的量测一般采用塞尺、读数显微镜，也可采用长标距裂缝应变片、千分表引伸仪等。

测读裂缝宽度时，先旋动读数鼓轮使视场中长线与裂缝的一边相切，得一读数，如 2.45 mm，然后再旋动读数鼓轮，使长线与裂缝的另一边相切，又得一读数为 2.73 mm，则裂缝宽度为 2.73 − 2.45 = 0.28 mm。

二、桥梁静载试验方案设计

试验方案设计是桥梁静载试验的重要环节，是对整个试验的全过程进行的全面规划和系统安排。一般说来，试验方案的制订应根据试验目的，在充分考察和研究试验对象的基础上，分析与掌握各种有利条件与不利因素，进行理论分析计算后，对试验的方式、方法、具体操作等做出全面的规划。试验方案设计包括试验对象的选择、加载方案的设计、观测内容的确定、测点的布置及测试仪器选择等内容。

（一）试验对象的选择

桥梁静载试验既要能够客观全面地评定结构的承载能力与使用性能，又要兼顾试验费用、试验时间的制约，因此，要进行必要的简化，科学合理地从全桥中选择具体的试验对象。

一般说来，对于结构形式与跨度相同的多孔桥跨结构，可选择具有代表性的一孔或几孔进行加载试验量测；对于结构形式不相同的多孔桥跨结构，应按不同的结构形式分别选取具有代表性的一孔或几孔进行试验；对于结构形式相同但跨度不同的多孔桥跨结构，应选取跨度最大的一孔或几孔进行试验；对于预制梁，应根据不同跨度及制梁工艺，按照一定的比例进行随机抽查试验。除了这几点之外，试验对象的选择还应考虑以下条件：

①试验孔或试验墩台的计算受力状态最为不利；

②试验孔或试验墩台的破损或缺陷比较严重；

③试验孔或试验墩台便于搭设脚手支架、布置测点及加载。

（二）加载方案的设计

1.加载试验项目的确定

第一，在满足鉴定桥梁承载能力的前提下，加载试验项目应抓住重点，不宜过多。一般应有 2 ～ 3 个主要内力或位移控制截面。此外，根据桥梁具体情况可设置几个附加内力控制截面。

第二，对桥梁的薄弱截面、损坏部位及比较薄弱的桥面结构，可根据桥梁调查与检算情况，确定是否设置内力控制截面及安排加载试验项目。

2. 试验荷载等级的确定

（1）控制荷载的确定

为了保证荷载试验的效果，必须先确定试验的控制荷载。控制荷载主要有以下几种：汽车和人群（标准设计荷载）；挂车或履带车（标准设计荷载）；需通行的特殊重型车辆。

分别计算以上几种荷载对结构控制截面产生内力（或变形）的最不利值，然后进行比较，取其中最不利者对应的荷载作为控制荷载。因为挂车和履带车不计冲击力，所以动载试验以汽车荷载作为控制荷载。荷载试验应尽量采用与控制荷载相同的荷载，而组成控制荷载（标准设计荷载）的车辆是由运管车辆统计而得的概率模型。由于客观条件的限制，实际采用的试验荷载与控制荷载有差别，为了保证静载试验效果，在选择试验荷载的大小和加载位置时，应采用静载试验荷载效率进行控制，按理论计算或检测的控制截面的最不利工作条件布置荷载，使控制截面达到最大试验荷载效率。

（2）静载试验荷载效率

静载试验荷载效率定义为：试验荷载作用下被检测部位的内力（或变形的计算值）与包括动力扩大效应在内的标准设计荷载作用下同一部位的内力（或变形计算值）的比值。以 η 表示荷载效率，则有：

$$\eta = \frac{S_t}{S_d(1+\mu)}$$

式中：

S_t——试验荷载作用下，检测部位变形或内力的计算值；

S_d——设计标准荷载作用下，检测部位变形或内力的计算值；

μ——设计取用的冲击系数。

按荷载效率的不同，荷载试验分为基本荷载试验（$1 \geqslant \eta > 0.8$）、重荷载试验（$\eta > 1.0$，其上限按具体结构情况和所通行特型荷载来定）和轻荷载试验（$0.8 \geqslant \eta > 0.5$）。当 $\eta \leqslant 0.5$ 时，试验误差较大，不易充分发挥结构的效应和整体性。

对于一般的静载试验，η 值可取 $0.8 \sim 1.05$。当桥梁的调查、检算工作比较完善而又受加载设备能力所限时，η 值应取低限；当桥梁的调查、检算工作不充分，尤其是缺乏桥梁计算资料时，η 值应取高限。一般情况下，η 值不宜小于 0.95。

荷载试验宜选择温度稳定的季节和天气进行。当温度变化对桥梁结构内力影响较大时，应选择温度内力较不利的季节进行荷载试验，否则应考虑用适当增大静载试验效率来弥补温度影响对结构控制截面产生的不利内力。

当控制荷载为挂车或履带车而采用汽车荷载加载时，考虑到汽车荷载的横向应力增大系数较小，为了使截面的最大应力与控制荷载作用下截面最大应力相等，可适当增大静载试验效率。

3.加载卸载程序的确定

为获得结构应变和变形随荷载增加的连续关系曲线，防止意外破坏，应采用科学严密的加载卸载程序。加载卸载程序就是桥梁静载试验进行期间荷载与时间的关系，如加载速度的快慢、分级荷载量值的大小、加载卸载的流程等。对于短期试验，加载卸载程序确定的基本原则如下。

第一，加载卸载应该是分级递加和递减，不宜一次完成，分级加载可以较全面地掌握试验桥梁实测变形、应变与荷载的相互关系，了解桥梁结构各阶段的工作性能，且便于观测操作。因此，根据要求，桥梁静载试验荷载一般情况下应不少于四级加载，当使用较重车辆或达到设计内力所需的车辆较少时，应不少于三级加载，逐级使控制截面由试验所产生的内力逼近设计内力。当采用分级加载方法时，每级加载量值的大小和分级数量的多少要根据试验目的、观测项目与试验桥梁的具体情况来确定，必要时可减小荷载增量幅度，加密荷载等级。

第二，正式加载前，要对试验桥梁进行预加载。预加载的目的是消除结构的非弹性变形，并起到演习作用，发现试验组织观测等方面的问题，以便在正式加载试验前予以解决，如检查试验仪器仪表的工作状态、检验试验设备的可靠性、检查现场组织工作与试验人员分工协作方面存在的问题。此外，对于新建结构，还可通过预加载使结构进入正常工作状态，以此来消除支点沉降、支座压缩等非弹性变形。预加载的荷载大小一般宜取最大试验荷载的 1/3 ～ 1/2，对钢筋混凝土结构还应小于其开裂荷载。

第三，当所检测的桥梁状况较差或存在缺陷时，应尽可能增加加载分级，并在试验过程中密切监测结构的反应，以便在试验过程中根据实测数据对加载程序进行必要的调整或及时终止试验，确保试验桥梁、量测设备和人员的安全。

第四，一般情况下，加载车辆全部到位、达到设计内力后方可进行卸载，卸载可分 2 ～ 3 级卸载，并应尽量使卸载的部分工况与加载的部分工况相对应，以便进行校核。

第五，加载车辆位置应尽可能靠近测试截面内力影响线的峰值处，以便用较少的车辆产生较大的试验荷载效应，从而节省试验费用与测试时间。同时，加载车辆位置还应尽可能兼顾不同测试截面的试验荷载效应，以减少加载工况与测试工作量，如三跨连续梁中跨中截面的加载与跨中支点截面的加载可以互相兼顾。此外，对于直线桥跨每级荷载应尽可能对称于桥轴线，以便利用对称性校核测试数据，减少测试工作量。

在上述工作的基础上，再根据所确定的加载设备、加载等级、加载顺序与加载位置，就可以形成一个比较严密的、操作性较强的加载程序，作为正式试验时加载实施的纲领。

4.加载重物的称量

可根据不同的加载方法和具体条件选用以下方法，对所加荷载进行称量。

（1）称量法

当采用重物直接在桥上加载时，可将重物化整为零称重后按逐级加载要求分堆置放，以便加载取用。当采用车辆加载时，可将车辆逐辆开上称重台进行称重。若没有现成可供利用的称重台，可自制专用称重台进行称重。

（2）体积法

当采用水箱加载时，可通过测量水的体积来换算水的重力。

（3）综合法

先根据车辆出厂规格确定空车轴重（注意考虑车辆零配件的更换和添减，汽油、水、乘员重力的变化），再根据装载重物的重力及其重心将其分配至各轴。装载物最好采用规则外形的物体整齐码放或采用松散均匀料在车厢内摊铺平整，以便准确确定其重心位置。无论采用何种确定加载物重力的方法，均应做到准确可靠，其称量误差最大不得超过 5%。最好能采用两种称重方法互相校核。

（三）观测内容的确定

桥梁结构在荷载作用下所产生的变形可以分为两大类，一类变形是反映结构整体工作性能的，如梁的挠度、转角和索塔的水平变位等，这类变形叫作整体变形；另一类变形是反映结构局部工作状况的，如裂缝宽度、相对错位、结构应变等，这类变形叫作局部变形。在确定桥梁静载试验的观测项目时，首先应考虑结构的整体变形，以概括结构受力的宏观行为，其次要针对结构的特点及存在的主要问题，抓住重点，有的放矢，应以能够全面地反映加载后结构的工作状态、解决桥梁的主要技术问题为宜。

一般来说，桥梁静载试验的观测内容可以分为应变、变形两大类，主要观测内容如下。

①要观察桥梁结构控制截面最大应力（应变）及其随荷载的变化规律，包括混凝土表面应变及外缘受力主筋的应力。通常，应力测试以混凝土表面正应力测试为主：一方面测试应力沿截面高度的分布，借以检验中心轴高度计算值是否可信、推断结构的极限强度；另一方面测试应力随试验荷载的变化规律，由此判断结构是否处于弹性工作状态。对于受力较为复杂的情况，还要测试最大应力值和应力方向及应力随荷载的变化规律。

此外，为了能够全面地反映结构应力分布，常常需要在结构内部布设应力测点，如钢筋应力测点、混凝土内部应力测点，这类测点应在施工阶段就预埋相应的测试元件。

②一般情况下，要观测桥梁结构在各级试验荷载作用下的最大竖向挠度，并据此做出挠度沿桥轴线的分布曲线。对于一些桥梁结构形式，如拱桥、斜拉桥、悬索桥，还要观测拱肋或索塔控制点在试验荷载作用下顺桥向或横桥向的水平位移；对于采用偏载加载方式的桥梁，还要观测试验结构变形控制点的水平位移和扭转变形。

③要观测裂缝的出现和扩展，包括初始裂缝所处的位置，裂缝的长度、宽度、间距与方向的变化，以及卸载后裂缝的闭合情况。

④要观测在试验荷载作用下，支座的压缩或支点的沉降，墩台的位移与转角。

⑤要观测一些桥梁结构如斜拉桥、悬索桥、系杆拱的吊索（拉索）的索力及主缆（拉索）的表面温度。

（四）测点的布置

1. 挠度测点的布置

一般情况下，对挠度测点的布设要求能够测量结构的竖向挠度、侧向位移和扭转变形，应能给出受检跨及相邻跨的挠曲线和最大挠度。每跨一般需布设 3 ～ 5 个测点。挠度测试结果应考虑支点下沉修正，应观测支座下沉量、墩台的沉降、水平位移与转角、连拱桥多个墩台的水平位移等。有时为了验证计算理论，需要实测控制截面挠度的纵向和横向影响线。对较宽的桥梁或偏载应取上下游平均值或分析扭转效应。

2. 剪切应变测点的布设

对剪切应变测点一般采取设置应变花的方法进行观测。为了方便，对桥梁的剪应力也可通过在截面中性轴处主应力方向设置单一应变测点来进行观测。桥梁的实际最大剪应力截面应设置在支座附近而不是支座上，具体设置位置如下：从梁底支座中心起向跨中作与水平线成 45° 的斜线，此斜线与截面中性轴高度线相交的交点即为桥梁的最大剪应力位置，可在这一点沿最大压应力或最大拉应力方向设置应变测点，距支座最近的加载点则应设置在 45° 斜线与桥面的交点上。

3. 温度测点的布设

选择与大多数测点较接近的部位设置 1～2 处空气温度测点，此外可根据需要在桥梁主要测点部位设置一些构件表面温度测点。

4. 常用桥梁的主要测点布置

主要测点的布置不宜过多，但要保证观测质量，一般情况下，对主要测点的布置应能控制结构的最大应力（或应变）和最大挠度（或位移）。

①简支梁桥：跨中挠度，支点沉降，跨中截面应变。

②连续梁桥：跨中挠度，支点沉降，跨中和支点截面应变。

③悬臂梁桥：悬臂端部挠度，支点沉降，支点截面应变。

④拱桥：跨中与 $L/4$ 处挠度，拱顶、$L/4$ 和拱脚截面应变（L 为桥梁计算跨径）。

⑤斜拉桥：主梁中孔跨中挠度，支点沉降，跨中截面应变；塔顶纵桥向最大水平位移，塔脚截面应变。

⑥悬索桥：加劲梁跨中与 $L/8$ 和 $3L/8$ 处挠度，支点沉降，跨中与 $L/8$ 和 $3L/8$ 处截面应变；塔顶纵桥向最大水平位移，塔脚截面应变。

⑦组合体系桥：根据组合体系所呈现的主要力学特征，结合上述各类桥梁的主要测点布置综合确定测点位置。

（五）测试仪器的选择

根据测试项目的需要，在选择仪器仪表时，要注意以下几点。

①选择仪器仪表必须从试验的实际情况出发，选用的仪器仪表应满足测试精度的要求，一般情况下要求测量结果的最大相对误差不超过 5%。

②在选用仪器仪表时，既要注意环境适用条件，又要避免盲目追求精度，这是因为精密量测仪器仪表的使用，常常要求有比较良好的环境条件。

③为了简化测试工作，避免出现差错，在同一选用的仪表、仪器种类越少越好，应尽可能选用同一类型或规格的仪器仪表。

④仪器仪表应当有足够的量程，以满足测试的要求，试验中途的调试会增加试验的误差。

⑤由于现场检测的测试条件较差，受外部环境因素的影响较大，一般来说，电测仪器的适应性不如机械式仪器仪表，而机械式仪器仪表的适应性不如光学仪器，因此，应根据实际情况，采用既简便可靠又符合要求的仪器仪表。例如，当桥下净空较大、测点较多、挠度较大时，桥梁挠度观测宜选用光学仪器如精密水准仪，而单片梁静载试验挠度的量测宜采用百分表。

三、桥梁静载试验组织实施

静载试验组织是实现预定的试验方案的重要保证，其内容包括试验前现场准备工作、加载测试工作及现场清理工作。试验组织就是把上述内容按先后顺序互相衔接，形成一个有机、完整、高效率的组织计划，并在试验中按照这个计划进行，只有遇到特殊情况或发现异常情况时，才按照加载控制及加载终止的条件予以调整。

（一）现场准备及测试工作安排

静载试验现场准备及测试工作安排包括试验前准备工作、加载测试及试验后现场清理工作。一般说来，试验前准备工作比较庞杂，试验方案的大部分工作都要在加载试验前具体化，要占用全部试验工作的大部分时间。

1.试验前准备工作

荷载试验正式进行之前应做好下列准备工作。

（1）试验孔（或墩）的选择

对多孔桥梁中跨径相同的桥孔（或墩）可选 1 ~ 3 孔具有代表性的桥孔（或墩）进行加载试验。选择时应综合考虑以下因素：

①该孔（或墩）计算受力最不利；

②该孔（或墩）施工质量较差、缺陷较多或病害较严重；

③该孔（或墩）便于搭设脚手架，便于设置测点或便于实施加载。

选择试验孔的工作与制定计划前的调查工作应结合进行。

（2）搭设脚手架和测试支架

脚手架和测试支架应分开搭设、互不影响，脚手架和测试支架应有足够的强度、刚度和稳定性。脚手架要保证工作人员的安全、方便操作。测试支架要满足仪表安装的需要，不因自身变形影响测试的精度，同时还应保证试验时不受车辆和行人的干扰。

脚手架和测试支架的设置要因地制宜、就地取材、便于搭设和拆卸，一般采用木支架或建筑钢管支架。当桥下净空较大不便搭设固定脚手架时，可考虑采用轻便活动吊架，两端用尼龙绳或细钢丝绳固定在栏杆或人行道缘石上。整套设置使用前应进行试载以确保安全，活动吊架如需多次使用可做成拼装式以便运输和存放。

在晴天或多云天气下进行加载试验时，应在阳光直射下的应变测点处设置遮挡阳光的设备，以减小由温度变化造成的观测误差。在雨季进行加载试验时，则应准备仪器、设备等的防雨设施，以备不时之需。

应在桥下或桥头用活动房或帐篷搭设临时实验室以便安放数据采集仪等仪器，并供测试人员临时办公和看管设备之用。

2. 试验工作

在试验开始前，应注意收集天气变化资料，估计试验过程中温度变化情况、落实交通封闭疏解措施，尽可能保证试验在干扰较小的情况下顺利进行。具体试验工作如下。

①加载的位置、顺序、重量要准确无误。在利用汽车加载时，要有专人指挥汽车行驶到指定位置。

②在试验时，每台仪器应配备一个以上的观测人员进行观测记录，应将每级荷载作用下的实测值与对应的理论计算值进行比较，如有异常情况应立即检查、分析原因，并立即向试验指挥人员汇报，以便试验指挥人员做出正确的判断。

③在每级荷载作用下，待结构反应稳定后，应在同一时间对不同类别的测试项目（应变、变形、裂缝）进行读数。如某些项目观测时间较长，则应将观测时间较短的项目的读数时间安排在中间进行，以使各测试项目的读数基本同步。

④在试验过程中，注意不要触动测试元件及测量导线，以免引发读数的波动。

3. 现场清理

试验完成后，应核查测试数据的完备性，若无遗漏，则可清理现场。现场清理主要包括以下工作：

①清理仪器仪表及可重复利用的测试软件，回收测试导线；

②拆除脚手架和防护棚，清理现场，以便开放交通；

③对于进行了打磨和局部改造的应变测点，要用混凝土或环氧砂浆进行修补，此外，还要拆除变形测量时所埋设的测点标志或临时站点设施。

（二）加载控制及终止条件

在静载试验过程中，试验指挥人员应及时掌握各方面的情况，对加载进行控制，既要取得良好的试验效果，又要确保人员仪器设备、试验桥梁的安全，避免不应有的损失。此外，应注意以下几点。

第一，严格按照预定试验方案的加载程序进行加载，试验荷载和测试截面内力的大小都应由小到大，逐步增加，并随时做好停止加载和卸载的准备。

第二，对于变形、应变控制点应随时观测、随时计算，必要时应对变形、应变控制点的量值变化进行在线实时监控观测，并将测试结果及时报告试验指挥人员。若实测值超过理论计算值较多、裂缝宽度急剧增大或听到异常的声响，则应暂停加载，待查明原因后再决定是否继续加载。

第三，加载过程中应指定专人注意观察结构的薄弱部位是否有新裂缝出现、组合结构的结合面是否出现错位或相对滑移现象、结构是否出现不正常的响声、加载时墩台是否发生摇晃现象等。如果发生这些情况应及时报告试验指挥人员，以便采取相应的措施。

第四，试验过程中发生下列情况应中途终止加载：

①在某一级试验荷载作用下，控制点的应变急剧增大，或某些测点应变处于继续增大的不稳定状态；

②在某一级试验荷载作用下，控制测点的应变或挠度超过规范允许值；

③在加载过程中，结构原有的裂缝的长度、宽度急剧增大，或超过规范限值的裂缝迅速增多，对结构的使用寿命造成极大影响；

④发生其他损坏，影响桥梁结构的正常使用或承载能力。

四、桥梁静载试验数据整理分析

静载试验数据整理分析的直接目的是更好地达到预定的试验目的，以便对桥梁结构做出相应的技术评价。静载试验数据整理分析包括对现场实测数据进行修正、整理，也包括对实测数据的评价方法与评价指标的取用。

（一）实测资料整理

试验的原始资料与原始记录是研究试验结果、评价桥梁使用性能与承载能力的主要依据。原始记录是说明试验情况的第一手资料，从整体上看是最可靠的，但也难免是烦琐的、庞杂的，缺乏必要的条理性，不能够集中而明确地说明试验所得到的主要技术结论。因此，在整理实测资料的过程中，要进行去粗存精、去伪存真的加工，这样所得到的综合材料能比原始记录更为清楚地表达试验的主要成果。同时，在整理测试数据的过程中，要重视和尊重原始资料与原始记录，保持原始记录的完整性与严肃性。此外，对于一些量测方法和量测内容，要按照科学合理的方法进行计算和修正，以获取有价值的数据或进行量测误差分配。

1. 试验原始资料的内容

①试验桥梁的调查结果和验算结果。

②试验方案及编制说明。

③各测试项目的读数记录及结构裂缝分布图。

④桥梁结构材料的力学性能试验结果。

⑤荷载试验过程中出现的各种异常情况的记录、照片等。

2. 试验资料整理

一般地，对于处在弹性工作阶段的结构而言，测量值等于加载读数减去初读数。在试验完成后，根据试验观测项目及相应的记录表格，就可直接计算出在各级荷载作用下相应的测量值，找出各观测项目具有代表性的数据。在计算测量值时，要注意以下几个问题。

（1）测量值修正

在计算测量值时，应根据各类仪表的标定结果进行测试数据的修正，如考虑机械式仪表的校正系数，电测仪器的率定系数、灵敏系数等。一般说来，仪器仪表的偏差具有系统性，应在试验前设法予以排除，当这类因素对测量值的影响小于1%时可不予修正。

（2）测点应力计算

各测点的实测应力可按胡克定律，由实测应变值求得，即

$$\sigma = E \times \varepsilon$$

式中：

σ——测点的实测应力（MPa）；

E——材料的弹性模量（MPa）；

ε——材料的应变值（无单位）。

钢材的弹性模量，可根据钢材的种类，采用有关规范或规程的规定值，也可截取试验结构做试件，通过试验测定该钢种的弹性模量。对于混凝土结构，其弹性模量确定方法有两种：一是按照设计图纸所规定的混凝土标号，采用规范规定

值，如表 3-1 所示；二是采用无损测试方法，测定试验结构混凝土的实际强度，然后根据实测强度查表求得相应的弹性模量值。第一种方法多用于新建桥梁结构，而后一种方法多用于既有结构的试验。

表 3-1 混凝土的弹性模量

混凝土标号	15	20	25	30	40	50	60
弹性模量/Pa	2.3×10^4	2.6×10^4	2.85×10^4	3.0×10^4	3.3×10^4	3.5×10^4	3.65×10^4

当采用千分表、杠杆引伸仪、手持应变仪测读应变值时，应变值为

$$\varepsilon = \frac{测量值（绝对变位）}{标距}$$

采用电测法进行应变测量时，其测试结果（加载读数与初读数之差）即为应变值 ε。一般地，测试截面的纤维应变是由多种应变综合组成的，可能包括轴向应变、竖向弯曲应变、水平弯曲应变及约束扭转应变等。测定这些应变所需要的测点数量和布置方式，随构件的截面形状与试验目的而定。对于单向应力状态，且沿主应力方向布置应变片的情况，正应力即为主应力；对于单向应力状态，且沿主应力方向布置直角应变花的情况，主应力为

$$\sigma = \frac{E}{1+\mu}\varepsilon$$

式中：

ε——应变值（无单位）；

μ——泊松比（无单位）；

E——混凝土弹性模量（MPa）。

（3）挠度计算及误差处理方法

当采用精密光学仪器进行变形测量时，应根据测量误差理论、平差处理方法及试验所采用的测量路线进行测量误差的调整计算。首先，假定起始点的高程，计算各测点在各级试验荷载作用下的假定高程；然后，根据测量线路计算高差闭合差及其容许值，若测量成果的精度符合要求，即可进行高差闭合差的调整，调整方法是将高差闭合差反号，按与各测段的路线长度成正比例地分配到各段高差中，计算出各测点在各级试验荷载作用下的改正高程；最后，将改正高程减去零载时的初始假定高程，即可得出各测点在各级试验荷载作用下的挠度。

（4）支点沉降影响的修正

对于梁式桥，支点沉降会产生刚体位移和转角，测试结果不仅包括弹性挠度，也包括刚体位移，因此，当支点产生沉降时，应修正支点沉降对挠度的影响。以简支梁为例，支点沉降为直线分布，修正量值可按下式计算：

$$\delta(x) = \frac{l-x}{l}a + \frac{x}{l}b$$

式中：

$\delta(x)$——距支点 A 距离为 x 处的修正值（mm）；

l——简支梁的跨度（m）；

x——挠度测点到 A 支点的距离（m）；

a——支点 A 的沉降量（mm）；

b——支点 B 的沉降量（mm）。

（5）荷载横向分布系数的计算

对于由多片主梁组成的桥梁结构，荷载横向分布的量测与计算往往是桥梁检测的内容之一，通过对桥梁结构跨中截面各主梁挠度的测定，可以绘制出跨中截面的横向挠度曲线，然后按照荷载横向分布的概念，运用变位互等原理，便可计算出任一主梁的荷载横向分布系数。一般地，各主梁截面尺寸相同，荷载横向分布系数的定义如下：

$$\eta_i = \frac{w_i}{\overline{w_i}}$$

式中：

w_i——荷载 P 引起的某一主梁的挠度（mm）；

$\overline{w_i}$——荷载 P 均匀分布于全桥宽时所产生的挠度（mm）。

同时，荷载横向分布系数也可以用挠度图面积来定义：

$$\eta_i = \frac{\Omega_i(y)}{\Omega} = \frac{y_i}{\Sigma y_i}$$

式中：

$\Omega_i(y)$——第 i 个主梁范围内挠度图的面积（mm²）；

Ω——挠度图的总面积（mm²）；

y_i——第 i 个主梁的挠度（mm）。

73

（二）静载试验报告编制

在全部试验资料整理与分析的基础上编写桥梁结构静载试验报告，其主要内容应该包括下列各项。

第一，桥梁概况。简要介绍被试验桥梁的结构形式、构造特点、施工概况。若为旧桥，则应说明旧桥的外观状况等。对于鉴定性试验，要说明在设计与施工中存在的技术问题及其对桥梁使用的影响等。对于科研性试验，还要说明设计中需要解决的计算理论问题等。文中要附上必要的结构简图。

第二，试验目的。根据试验对象的特点，要有针对性地说明结构静载试验所要达到的目的和要求。

第三，试验方案设计。根据荷载试验目的，在试验方案设计中要说明以下主要内容。

①应确定测试项目、测试方法、测点布置和仪器配备情况，并附以简图。

②应说明试验荷载的形成情况（是标准车列或汽车荷载，还是模拟的等代荷载）。

③应根据桥梁结构专用分析程序（或结构力学方法），在测试项目中的控制截面（内力、挠度、变形）影响线或影响面上分别布置标准设计荷载和试验荷载，从而确定试验荷载效率 η，并通过调整试验荷载的布置（如载重车重量、车辆间距等）来满足 η 在 $0.8 \sim 1.05$ 范围取值的要求。

④应确定试验荷载的工况种类，并分别以简图示出。

第四，试验日期和过程。应说明具体组织桥梁静载试验的起讫日期、试验准备阶段的情况、整个试验阶段的特殊问题及其解决办法，试验加载控制情况等。

第五，各项试验达到的精度。需将本次试验中使用的各种仪器、仪表的类型、精度（最小读数）列表说明，同时还要说明试验中可能用的夹具对试验精度的影响程度。

第六，试验资料整理与分析。在对资料进行分析时，应将理论计算值、实测值以及有关的参考限值进行对比，说明理论与实践二者的符合程度，并从中得出试验桥梁所具有的实际承载能力、抗裂性及使用的安全度。对于一些科研性试验，还要从综合分析中说明设计计算理论的正确性和实用性，以及尚未解决的问题。如果资料丰富，还可经综合分析，提出简化计算公式等。

第七，试验记录摘录。应将试验中所得的实测控制数据以列表或以曲线的形式表达出来。

第八，技术结论。应根据综合分析的结果，得出最后的技术结论，对试验桥梁做出科学的评价。同时应根据存在的问题，对新建桥梁提出改进设计或加强养护方面的建议；应对旧桥提出加固方案或维修养护方面的建议。

第九，经验总结。应从桥梁荷载试验的角度，对本次试验的计划、程序、测试方法指出存在的不足并提出改进意见。

第十，图表信息。在报告的最后一般要附上有关具有代表性的图表、照片等。

第二节　桥梁动载试验

一、桥梁动载试验概述

桥梁结构在车辆、人群、风力和地震等动力荷载作用下产生振动，桥梁在动力荷载作用下的受力分析是桥梁结构分析的又一重要任务。桥梁的振动问题影响因素复杂，仅靠理论分析还不能满足工程应用的需要，需用理论分析与试验测试相结合的方法解决，而桥梁动载试验就成为解决该问题必不可少的手段。桥梁的动力特性（频率、振型和阻尼比）是评定桥梁承载力状态的重要参数，随着我国公路桥梁检验评定制度的推行，桥梁动载试验将会越来越受到重视。

（一）桥梁动载试验的测试仪器

结构振动的测试仪器包括测振传感器、信号放大器、光线示波器、磁带记录仪和数字信号处理机。近年来，振动信号分析处理技术发展很快，已开发出多种以 A/D 转换和微机结合的数据采集和分析一体化的智能仪器，可以进行实时数据采集分析，并能实现数据储存，有取代磁带记录仪和专用信号处理机的趋势，但还有待普及。

1. 测振传感器

振动参数有位移、速度和加速度。测量这些振动参数的传感器有许多种类。但由于振动测量的特殊性，在测量时难以在振动体附近找到一个静止点作为测量的基准点，所以就需要使用惯性式测振传感器。通常所指的测振传感器即为惯性式测振传感器（以下简称为"测振传感器"）。测振传感器的基本原理为：由惯性质量、阻尼和弹簧组成一个动力系统，这个动力系统固定在振动体上（传感器的外壳固定在振动体上），与振动体一起振动，通过测量惯性质量相对于传感器外壳的运动，就可以得到振动体的振动。由于这是一种非直接的测量方法，因此，这个传感器动力系统的动力特性对测量结构具有很重要的影响。

2.光线示波器

光线示波器也是一种常用的模拟式记录器，主要用于振动测量的数据记录，它将电信号转换为光信号并记录在感光纸或胶片上，得到的是试验变量与时间的关系曲线。

光线示波器的工作原理为：当振动的信号电流输入振动子线圈时，在固定磁场内的振动子线圈就发生偏转，与线圈连着的小镜片及其反射的光线也随之偏转，偏转的角度大小和方向与输入的信号电流相对应，光线射在前进中的感光记录纸上即留下所测信号的波形，与此同时在感光记录纸上用频闪灯打上时间标记。光线示波器可以同时记录若干条波形曲线，它还可以用于静力试验的数据记录。

对光线示波器记录的试验结果进行数据处理，与 X-Y 记录仪相同，要用尺直接在曲线上量取大小，根据标定值按比例换算得到代表试验结果的数值；关于时间的数值，可用记录纸上的时间标记按同样方法进行换算。

（二）桥梁动载试验的方法与程序

桥梁结构的振动问题，影响因素比较多，涉及的理论比较复杂，仅靠理论分析不能达到实用的结果，一般多采用理论分析与现场实测相结合的研究方法，因此，振动测试是解决工程结构振动问题必不可少的手段。近年来，随着电子计算机普及与自动化技术的发展，振动测试技术取得了极大的进展：一方面表现为风洞试验、模拟地震振动台试验、拟动力试验得到了广泛的应用；另一方面表现为工程结构在地震荷载、风荷载、车辆荷载作用下动力反应的现场测试手段也得到了很大的改进。

桥梁结构的动载试验是利用某种激振方法激起桥梁结构的振动，测定桥梁结构的固有频率、阻尼比、振型、动力冲击系数、动力响应（加速度、动挠度）等参量的试验项目，从而宏观判断桥梁结构的整体刚度、运营性能。桥梁结构的动载试验与静荷载试验虽然在试验目的、测试内容等方面有所不同，但对于全面分析掌握桥梁结构的工作性能是同等重要的。就试验步骤而言，基本上与静荷载试验相同，动载试验也要经过准备、试验和分析总结 3 个阶段。就试验性质而言，动载试验也可分为生产鉴定性和科学研究性试验，一般情况下，动载试验多在现场实际结构上进行测试，也可根据桥梁结构的特点和实际需要在室内进行结构模型的动载试验，如在风洞内进行大跨度桥梁的风致振动试验、在模拟地震振动台上进行桥梁结构的地震响应试验等。桥梁结构的动载试验的基本任务大体可归纳为以下几方面。

第一，测定结构的动力特性，如测定桥梁结构或构件的自振频率、阻尼特性等。

第二，测定结构在动荷载作用下的强迫振动响应，如测定桥梁结构或构件在车辆荷载、风荷载作用下的振幅、动应力、加速度等。

第三，测定动荷载的动力特性，如测定引起结构振动作用力的大小、方向、频率与作用规律等。

桥梁结构的动载试验中，常有大量的物理量（如位移、应变、振幅、加速度等）需要进行量测、记录和分析。在静荷载试验中，可以通过仪器仪表观测而直接获得数据序列；在动载试验中，可通过仪器仪表测量振动过程中大量的物理量并记录下来。这些随时间变化的物理量，一般称为信号，而测得的结果称为数据。根据这些数据，可以进行有关振动量之间相互关系的分析。一般来说，动载试验的数据和信号是比较复杂的，具体表现在以下 3 个方面。

第一，引起结构产生振动的振源（如车辆、人群、阵风或地震力等）和结构的振动响应都是随时间而变化的，是随机的、不确定的。例如，汽车在不平整的桥面上行驶所引起的桥梁振动就是随机的，两次条件完全相同的试验不会得到相同的动力响应。这种信号虽然可以检测，并得到时间历程曲线，却不能预测。这类信号服从统计规律，可以从概率统计的观点去研究它。

第二，桥梁结构在动荷载作用下的响应不仅与激振源的特性相关，也与结构本身的动力特性密切相关。对于桥梁结构而言，本身就具有无限个自由度，加上车辆与桥梁结构之间的耦合，其动力特性就更为复杂。

第三，在动载试验所记录的信号和数据中，常常会夹杂一些无用的干扰因素。干扰信号不同于量测误差，没有一定的规律。因此，必须对动载试验所测得的信号和数据进行科学的分析与处理，从中提取尽可能多的反映桥梁结构振动内在规律的有用信息。

信号的特征可用信号的幅值随时间而变化的数学表达式、图形或表格来表达，这类表达方式我们称之为信号的时域描述，如加速度时程曲线、位移时程曲线等。信号的时域描述比较简单、直观，通过多个测点的时程曲线，可以分析出结构的振幅、振型、阻尼特性、动力冲击系数等参量，但不能明确揭示信号的频率成分和振动系统的传递特性。为此常对信号进行频谱分析，研究其频率结构及其对应的幅值大小，即采用频域描述，这时，需要把时域信号通过傅里叶变换的数学处理变换为频域信号。时域信号的傅里叶变换就是把确定的或随机的波形分解为一系列简谐波的叠加，以得到振动能量按频率的分布情况，从而确定结构的频率和频率分布特性。

桥梁动载试验是在桥梁处于振动状态下，利用振动测试仪器对振动系统各种振动量进行测定、记录并加以分析的过程。因此，在进行动载试验时，首先应通过激振方法使桥梁处于一种特定的振动状态，以便进行相应项目的测试。其次，要合理选取测试仪器仪表组成振动测试系统，振动测试系统一般由拾振部分、放大部分和分析部分组成，这三部分可以由专门仪器配套使用。因此，要根据试验的环境条件和试验的要求，选择组配合理的振动测试系统。仪器组配时除应考虑频带范围外，还要注意仪器间的阻抗匹配问题。再次，要根据测试桥梁的特点，制定测试内容、测点布置与测试方法，例如，对于混凝土简支梁桥的动载试验，一般的观测项目有跨中截面的动挠度、跨中截面钢筋或混凝土的动应力等。又如，要测定某一固有频率的振型时，应将传感器设置在振幅较大的各部位，并注意各测点的相位关系。最后，利用相应的专业软件对采集的数据或信号进行分析，即可得出桥梁结构的频率、振型、阻尼比、冲击系数等振动参量。

二、桥梁动载试验方案设计

（一）激振方法的选择

在进行桥梁动载试验时，首先要设法使桥梁产生一定的振动，然后应用测振仪器加以测试和记录，通过对记录的振动信号进行分析得到桥梁的动力特性和响应。一般可用于桥梁动载试验的激振方法很多，应根据被测桥梁的结构形式和刚度大小选择激振效果好、易于实施的方法。

1. 自振法

自振法（瞬态激振法）的特点是使桥梁产生有阻尼的自由衰减振动，记录到的振动图形是桥梁的衰减振动曲线。为使桥梁产生自由振动，一般采用的方法有两种，即突加载荷法（冲击法）和突卸荷载法（位移激振法）。

（1）突加荷载法（冲击法）

在被测结构上急速地施加一个冲击作用力，由于施加冲击作用的时间短促，因此，施加于结构的作用实际上是一个冲击脉冲作用。由振动理论可知，冲击脉冲的动能传递到结构振动系统的时间，要小于振动系统的自振周期，并且冲击脉冲一般都包含从零到无限大的所有频率的能量，它的频谱是连续谱，只有被测结构的固有频率与之相同或很接近时，冲击脉冲的频率分量才对结构起作用，从而激起结构以固有频率做自由振动。

对于中、小型桥梁结构，可用落锤激振器（或枕木）垂直地冲击桥梁，激起桥梁竖直方向的自由振动。如果水平方向冲击桥面缘石，则可激起横向振动。

工程界常利用试验车辆在桥面上驶越三角垫木，利用车轮的突然下落对桥梁产生冲击作用，激起桥梁的竖向振动。但此时所测得的结构固有频率受试验车辆这一附加质量的影响。

近年来，在桥梁的动载试验中，还采用了爆炸和发射小型火箭产生脉冲荷载等办法来进行激振，但还不普及。在采用突加荷载法时，应注意冲击荷载的大小及作用位置。如果要激起结构的整体振动，则必须在桥梁的主要受力构件上施加足够的冲击力，冲击荷载的位置可按所测结构的振型来确定，如为了获得简支梁桥的第一振型，则冲击荷载作用于跨中部位，测第二振型时冲击荷载应加于跨度的 1/4 处。

冲击法引起的自由振动，一般可记录到第一固有频率的振动图形，如用磁带记录仪录取结构某处之响应，通过频谱分析，则可获得多阶固有频率的参数。

（2）突然卸载法（位移激振法）

当采用突然卸载法时，应在结构上预先施加一个荷载作用，使结构产生一个初位移，然后突然卸去荷载，利用结构的弹性性质使其产生自由振动。

为卸落荷载，可通过自动脱钩装置或剪绳索等方法，有时也可专门设计一种断裂装置，当预施加力达到一定的数值时，在绳索中间的断裂装置便突然断离，从而激发结构的振动。突卸荷载的大小要根据所需的最大振幅计算求出。

2. 共振法

激振设备有机械式激振器、电磁式激振器和电气液压式振动台。

共振法（强迫振动法）的原理是利用激振器，对结构施加激振力，使结构产生强迫振动，改变激振力的频率而使结构产生共振现象并借助共振现象来确定结构的动力特性。

激振器在结构上的安装位置和激振方向要根据试验的要求和目的而定。在使用时，激振器应牢固地固定于结构上，由底座将激振器产生的交变微振力传给结构。如果将两台激振器安放于结构的适当位置上，反向激振，则可进行扭转振动试验。

连续改变激振器的频率，当激振力的频率与结构的固有频率相等时，结构出现共振现象，此时，所记录到的频率即为结构的固有频率。

对于较复杂的结构，有时需要知道基频以后的几个频率，此时可以连续改变激振力的频率，进行"频率扫描"，使结构连续出现第一共振、第二次共振等，同时记录结构的振动图形，由此可得到结构的第一频率（基频）、第二频率等，在此基础上，再在共振频率附近进行稳定的激振试验，则可准确地测定结构的固有频率与振型。

在进行上述频率扫描试验时，同时记录结构的振幅变化情况，则可作出共振曲线，即频率 - 振幅关系曲线，从而确定结构的阻尼特性。

对于自振频率较低的大跨度柔性桥梁结构，也可利用人群在桥面上做有规律的运动，使结构发生共振现象。

在桥梁的动载试验中，常用载重车队由低到高的不同速度驶过桥梁，使结构产生不同程度的强迫振动。在若干次运行车辆荷载试验中，当某一行驶速度产生的激振力的频率与结构的固有频率相接近时，结构便产生共振现象，此时结构各部位的振动响应达最大值。在车辆驶离桥跨以后，结构做自由衰减振动，这时可由记录到的波形曲线分析得出结构的动力特性。

3.脉动法

对于大跨度悬吊结构，如悬索桥、斜拉索桥的桥跨结构、塔墩，可利用结构由外界各种因素所引起的微小而不规则的振动来确定结构的动力特性。这种微振动通常称为"脉动"，它是由附近的车辆、机器等振动或附近地壳的微小破裂和远处的地震传来的脉动所产生的。

结构的脉动有一重要特性，就是它能明显地反映出结构的固有频率。因为结构的脉动是因外界不规则的干扰所引起的，因此它具有各种频率成分，而结构的固有频率的谐量是脉动的主要成分，在脉动图上可直接量出。举例来讲，若是结构脉动记录曲线的振幅呈现有规律的增减现象，凡振幅大波形光滑之处的频率都相同，而且多次重复出现，此频率即为结构的基频。如果在结构不同部位同时进行检测，记录在同一记录纸上，读出同一瞬时各测点的振幅值，并注意它们之间的相位关系，则可分析得到某一固有频率的振型。

在桥梁结构的正常运营条件下，经常地作用于结构上的动力荷载是各类车辆荷载，在进行桥梁的动载试验中，首先应考虑采用车辆荷载作为试验荷载，以便确定桥梁在使用荷载作用下的动力特性及响应。对需要考虑风动荷载或地震荷载的桥梁，应结合桥梁的结构形式做进一步的研究。

（二）传感器的选取与布置

在桥梁结构的动载试验中，人们关心的振动测试参量主要有 3 个，即结构的动应变、结构振动的幅度和结构振动的加速度。结构的动应变与静应变的测量元件、测量方法基本相同，可以利用静载试验所布置的应变片，不同之处在于需要采用动态应变进行测量。

桥梁结构振动的幅度宏观反映了荷载的动力作用，将动位移与相应的静位移相比较，便可得出桥梁动力冲击系数，它是衡量桥梁结构整体刚度与行车性能的主要指标。加速度则反映了桥梁动力影响对司机、乘客舒适性的影响，过大的加速度影响会导致司机、乘客的不适。因此，在桥梁动载试验中，通常选用的传感器是加速度传感器和位移传感器，通过位移传感器可以直接测量得到桥梁结构的位移时程曲线，在进行分析之后便可得出其固有频率，冲击系数和阻尼比。

通过加速度传感器可以直接测量得到桥梁结构的加速度时程曲线，在进行频谱分析后便可得出其固有频率，在进行数值积分后还可以得到位移时程曲线等。然而，需要说明的是，位移传感器的安装一般需要有固定不动的支架，这对于桥梁，尤其是跨越江河的桥梁是难以实现的。为了能够方便准确地测得桥梁结构的动位移，可以采用激光挠度仪或红外挠度仪。

传感器的布置要根据结构形式而定，一般要根据动力特性的理论分析结果，按照理论计算得出的振型，在振幅较大的部位布置传感器，以便能够测得桥梁结构的最大反应，如主跨跨中截面、边跨跨中截面振幅，并较好地勾画出振型曲线。桥梁结构动力特性的计算，目前多利用各种专用桥梁计算软件或通用分析软件进行。

桥梁结构的振型是结构相应于各阶固有频率的振动形式，一个振动系统的振型数目与其自由度数相等。桥梁结构是具有连续分布质量的体系，也是一个无限自由度体系，因此其固有频率及相应的振型也有无限个。但是，对于一般桥梁结构，第一阶固有频率即基频，对结构进行动力分析才是最重要的；对于较复杂的动力分析问题，也仅需要前几阶固有频率。因此，在实际测试中，一些低阶振型才有实际意义。振型的测试一般是在结构上同时布置许多传感器，传感器的布设位置可根据理论计算结果来确定，这时需保证所有传感器的灵敏度相同，所有放大器的特性相同。

（三）振动测试系统组成

一般来说，振动测试系统主要由两大部分组成，即拾振传感器与数据采集分析系统。

1. 拾振传感器

拾振传感器由传感器（加速度传感器、速度传感器或位移传感器）、导线等组成。在振动测试系统中，传感器的选用十分重要，应根据测试对象的振动频率和需要检测的物理量来选用不同种类的传感器。

2. 数据采集分析系统

该部分的作用是将传感器信号放大、转换为模拟信号和数字信号，然后进行记录及分析。大多数的数据采集分析系统都有模拟信号和数字信号的放大、滤波等功能。典型的数据采集分析系统由采样/保持器和模拟量/数字量转换器系统两部分组成。

（1）采样/保持器

时间信号采用的电路称为采样器，由开关元件及控制电路组成。对时间连续的信号进行采样是通过周期脉冲序列的调制来完成的，实际的采样脉冲有一定宽度，通常远小于采样周期。要想在采样时间内完成幅值从连续的模拟量到数字量的转换，就要求模拟量/数字量转换器有非常高的转换速度。因此，在实际采样时，应先将所得到的时间离散信号通过记忆装置即保持器保持起来，在信号保持期间再进行模拟量/数字量的转换。

（2）模拟量/数字量转换器

A/D 转换器又叫模拟量/数字量转换器，它是将模拟信号（电压或电流形式）转换成数字信号的器件。通常，A/D 转换器中的模拟量多为直流电压信号，A/D 转换器将直流电压转换为二进制数字量，以便进行记录与进一步的分析。

（四）测点的设置

在桥梁结构动载试验中，应根据现有仪器设备和试验人员的实践经验，按照动载试验的要求和目的与桥梁结构形式确定测点拾振器的布置，并选择恰当的激振形式与激振位置。

测点拾振器布置一般按照结构振型形状，在变位较大的部位布置测点，尽可能避开各阶振型的节点。

在桥梁结构动载试验中，可以根据桥梁结构形式与结构体系，利用结构动力分析通用程序进行结构动力分析，从而估计结构前几阶振型形状和相应的固有频率，为制订动载试验方案提供理论依据。下面介绍几种常见的简单结构的前几阶振型与相应的固有频率理论。

1. 梁桥的主振型

①简支梁的主振型。对于均质简支梁桥的前两阶主振型，第一阶振型的测点布置在跨中，第二阶振型的测点布置在1/4跨处。

②固端梁的主振型。对均质固端梁前两阶主振型的测点布置类似于简支梁桥。

③悬臂梁的主振型。对于均质悬臂梁的前两阶主振型，第一阶振型测点布置在悬臂端，第二阶振型测点宜布置在1/2悬臂长度处。

④三跨连续梁的主振型。对于均质三跨连续梁的前两阶主振型，第一阶振型测点布置在三跨的跨中，第二阶振型测点布置在两边跨跨中和中跨的两个四分点上。

2. 拱桥的主振型

工程中常见的拱桥形式多样，结构体系也比较复杂。这里仅以二铰拱桥为例说明拱桥振型形状与测点布置。

对于二铰拱桥前两阶振型，第一阶振型测点布置在四分点上，第二阶振型测点布置在跨中与两拱脚附近对称位置。注意第二阶振型与第三阶振型的区别。

3. 悬索桥的主振型

对于悬索桥的前两阶振型，第一阶振型测点布置在中跨四分点上，第二阶振型测点布置在中跨跨中和加劲梁两端支点附近对称位置。

对于一般形式的大跨径悬索桥，要根据空间结构动力分析程序进行结构动力分析，从而确定结构振型形式，要综合反映索塔、加劲梁和主缆等的振动特性，考虑各测点拾振器的布置方向。

4. 斜拉桥的主振型

斜拉桥的结构体系复杂，一般只能借助于空间结构动力分析程序进行结构动力分析。

对于漂浮体系斜拉桥的前三阶主振型，第一阶振型为面内漂浮振型，第二阶振型为面内一阶弯曲振型，第三阶振型为一阶对称扭转振型。随着斜拉桥抗弯与抗扭刚度的不同，前三阶振型的排序有可能发生变化。

相应地，斜拉桥各阶振型的测点布置也比较复杂，要综合考虑索塔、主梁与斜拉索的振动特性及各测点拾振器的布置方向。

三、桥梁动载试验组织实施

桥梁动载试验组织包括试验前现场准备、试验测试、实时分析及现场清理四个方面的工作。试验组织就是把上述工作内容相互衔接，形成一个有机的、完整的、高效率的组织计划，并在试验中按照这个计划进行。动载试验组织虽然内容较少，但仍是试验成功的重要保证。

（一）试验前现场准备工作

①出发前应对所携带的仪器仪表、传感器等进行全面的检查与标定，要确保仪器仪表状态良好。此外，要在距离测试对象适当的地方搭设防护棚，以供操作仪器使用，还要接通电源，安装照明设备，检查通信设备的状态。

②应按照试验方案所定的传感器布置位置进行放样定位，布置测试导线，采用合适的方法将传感器固定到被测对象上。此外，要根据被测结构的动力特性确定进行跳车试验的位置，并做出标记。

③对于运营中的桥梁，要注意对传感器、测试导线的防护。试验开始前应封闭交通，禁止闲杂人员和非试验用车辆进入。

④应建立试验领导组织，进行人员分工安排。根据试验实际情况，一般应设指挥一人，试验车辆导引员一人，测试人员数名，配备相应的通信联络工具或明确联络方式，以便统一指挥、统一行动。

⑤在正式试验前要进行预测试，以检查仪器仪表、测量线路的工作状态，确定测量放大器的放大系数。

（二）试验工作

①动载试验测试内容一般包括地脉动测试、跑车测试、跳车测试三项。试验时宜从动力响应小的测试项目做起，即先进行地脉动测试，再进行 20 km/h、40 km/h、60 km/h 跑车试验，最后进行跳车试验，以便根据动力响应大小及时调整测量放大器的放大系数，避免测量数据溢出。

②进行跑车试验时，要较准确地控制试验车辆的车速，并根据测试传感器的布置确定试验车辆行驶途中进行数据采集的起止位置，以免测试数据产生遗漏。

③每次测试后，要在现场进行数据回放和频谱分析，并与测试桥梁动力特性的理论计算值进行比较，检查测试数据是否正常，测试频率是否与理论计算值接近。如果有异常情况应立即检查、分析原因，必要时重新测试。

④在试验进行过程中，注意不要触动测试元件及测量导线，以免引起读数的波动。

⑤试验完成后，清理仪器仪表、传感器，回收测试导线，拆除防护棚，清理现场，以便开放交通。

四、桥梁动载试验数据整理分析

（一）桥梁结构动力特性分析

桥梁结构的动力特性（如结构的固有频率、阻尼系数和振型等）只与结构本身的固有性质有关（如结构的组织形式、刚度、质量分布和材料的性质等），而与荷载等其他条件无关。结构的动力特性是结构振动系统的基本特性，是进行结构动力分析所必需的参数。

对于比较简单的结构，一般只需结构的第一阶频率；对于较复杂的结构动力分析，还应考虑第二、第三甚至更高阶的固有频率及相应的振型。至于系统的阻尼特性只能通过试验的方法确定。

在实际的动荷载作用下，桥梁结构各控制部位的动力响应，如振幅、频率、速度和加速度以及反映结构整体动力作用的冲击系数等，除了可用于分析结构在动荷载作用下的受力状态外，还可用于验证或修改理论计算值，并作为结构设计的依据。

1. 结构固有频率的测定

首先按照前面叙述的激振方法使桥梁产生自由振动，然后通过测试系统实测记录结构的衰减振动波形。在记录的振动波形曲线上，可根据时标符号直接计算出结构的固有频率f_0：

$$f_0 = \frac{Ln}{t_1 s}$$

式中：

L——两个时标符号间的距离（mm）；

n——波数；

s——n个波长的距离（mm）；

t_1——时标的间隔（常用 1 s、0.1 s、0.01 s 三种标定值）。

在计算频率时，为消除冲击荷载的影响，开始的第一、二个波形应舍弃，从第三个波形开始计算分析。

当使用激振器时，结构产生连续的周期性强迫振动。在激振器振动频率与结构的固有频率一致时，结构出现共振现象，振幅达到最大值，而共振波峰处的频率即结构的固有频率。

采用偏心式激振器时，由于激振力的大小与激振器转速的平方成正比，激振器的转速不同，激振力的大小自然也不一样。为便于比较，应将振幅折算成单位激振力作用下的振幅，即振幅除以相应的激振力。或者将振幅换算为在相同激振力作用下的振幅，即 A/ω^2，其中 A 为振幅（cm），ω 为激振器的频率（Hz）。以 A/ω^2 为纵坐标、ω 为横坐标作出共振曲线，曲线之峰值所对应频率即结构的固有频率。

2. 结构阻尼的测定

桥梁结构的阻尼特性，一般用对数衰减率 δ 或阻尼比 D 来表示。由振动理论可知，对数衰减率为：

$$\delta = \ln \frac{A_i}{A_{i+1}}$$

式中：

A_i，A_{i+1}——相邻两个波的振幅值（cm），可直接从衰减曲线上量取。

试验时，采用的激振方法是用解放牌载重汽车驶越垫木后给桥梁一个冲击作用，使结构产生自由振动。

3. 振型的测定

结构的振型是结构相应于各阶固有频率的振动形式，一个振动系统振型的数目与其自由度数目相等。桥梁结构是一个具有连续分布质量的体系。也就是说，桥梁是一无限多自由度体系，因此，其固有频率及相应的振型也有无限个。

采用共振法测定振型时，将若干传感器安装在结构各有关部位。当激振装置激发结构共振时，记录结构各部位的振幅和相位，比较各测点的振幅及相位便可绘出振型曲线。

传感器的测点布置视结构形式而定，一般要根据理论分析估计振型的大致形状，然后在变位较大的部位布点，以便能较好地作出振型曲线。

振型的测定一般采用两种方法。一种方法是在结构上同时安装许多传感器，这时必须保证预先要精确标定所有传感器的灵敏度，在用多路放大器时，还要求放大器的特性相同；另一种方法是只用一个传感器，测试时要不断改变它的位置，以便测出各点的振幅。这种方法需要对传感器进行多次拆卸和安装，并且还需要有一个作用参考点不能移动的传感器，各次测定值均应同参考点进行比较。

4. 结构动力响应的测定

在动力荷载作用下，桥梁结构某些部位的振动参数如振幅、频率、位移、应力等的测定，可根据试验的具体要求和结构的形式布置测点，采用适当的仪表进行测试。动力荷载作用于结构上产生的动挠度，一般较同样的静荷载所产生的相应静挠度要大。动挠度与静挠度的比值称为活荷载的冲击系数。由于挠度反映了桥跨结构的整体变形，是衡量结构刚度的主要指标，因此活载冲击系数综合反映了荷载对桥梁的动力作用。它与结构的形式、车辆运行速度和桥面的平整度等有关。

为了测定冲击系数，应使车辆荷载以不同的速度驶过桥梁，并逐次记录跨中挠度的时历曲线。按冲击系数的定义有

$$1 + \mu = \frac{Y_{d\,max}}{Y_{s\,max}}$$

式中：

$Y_{d\,max}$——最大动挠度值（mm）；

$Y_{s\,max}$——最大静挠度值（mm）。

（二）动载试验报告的编写

一般情况下，桥梁荷载试验报告应同时包括静载试验与动载试验两部分内容。应在第三章静载试验报告内容的基础上，另外增加动载试验报告内容，从而形成完整的荷载试验报告。

应在全部动载试验资料整理与分析处理的基础上，编写桥梁结构动载试验报告，其主要内容包括下列各项：

第一，试验目的。根据试验对象的特点，要有针对性地说明桥梁结构动载试验所要达到的目的和要求。

第二，试验依据。说明桥梁结构动载试验所依据的相关规范、规程或技术文件。

第三，试验方案。根据动载试验目的，在试验方案设计中要说明以下主要内容：

①测试项目和测试方法、测点布置和仪器配备情况，并附以简图。

②试验荷载的形式（标准车列或汽车荷载）以及选择何种激振方法（试验汽车跳车、跑车或其他激振形式）。

③根据桥梁结构动力分析专用程序计算动力试验荷载效率，并通过调整动力试验荷载的布置（如车辆载重、车辆间距等），满足相关要求。

第四，试验过程说明。按照试验计划大纲的内容，简要介绍试验实施概况，说明具体组织桥梁动载试验的起讫日期、试验准备阶段的情况、整个试验阶段的特殊问题及其解决办法。

第五，各项试验达到的精度。将试验中使用的各种仪器、仪表的类型、参数、检定证书、测量精度（最小读数）、标定情况等列表说明，同时还要说明试验中可能使用的夹具、传感器等对试验精度的影响程度。

第六，试验成果与分析。依据桥梁结构动载试验项目，对试验成果进行分析与评定，将理论计算值与实测值进行对比，说明理论与实践二者的符合程度，从中得出试验桥梁所具有的实际结构动力特性及桥梁营运状况，以及在试验中所发现的问题；绘制结构振型图、冲击系数与不同车速的关系分析图等。

第七，试验记录摘录。将试验中所实测的控制数据以列表或曲线的形式表达出来。

第八，技术结论。根据综合分析的结果，得出最后的技术结论，对试验桥梁做出科学的评价，同时根据存在的问题，对新建桥提出改进设计或加强养护方面的建议；对旧桥提出加固方案或维修养护甚至是拆除重建方面的建议。

第九，图表信息。在报告的最后，一般应附上具有代表性的动载记录图表。

第三节　旧桥检测与评估

一、检测与评估的意义

所谓评估，就是对既有桥梁的各组成部分进行检查、检测、并经检算分析后，对既有桥梁的病害情况、损伤程度、承载能力、功能以及是否能正常运营等做出鉴定，给出明确的答案，供业主决策。

已建桥梁都有使用年限，或称寿命。英国以 120 年为标准，美国以 80 年为标准，日本则以 100 年为标准。虽然有关规范中没有规定桥梁应按多少使用年限设计，但规范中所采用的标准和年限却处处隐含了使用年限的概念，如活载、容许应力、疲劳损伤积累、防锈的钢材最小厚度、混凝土保护层和裂纹限制尺寸等。

在桥梁使用年限内，频繁的承载（甚至超载）作用，再加上自然界乃至自然灾害的侵袭，以及交通事故等人为事端的侵袭，会造成桥梁损伤和局部破坏。随着使用年限的增长，桥梁损伤种类和损伤部位会越来越多，其损伤程度也会越来越严重。

在我国公路桥梁中，一些旧桥虽然不是危桥，但却是有隐患的桥。形成这种状况的原因：一是 20 世纪 70 年代以前建成的桥已无法适应经济快速增长、大吨位汽车发展的形势；二是旧桥的改造与老路的改造不同步，前者慢于后者，遗留不少隐患；三是桥梁工程管理不规范，有些桥梁存在质量缺陷；四是桥梁养护维修不到位，相当数量的桥梁年久失修；五是人为损伤，如一些单位乱采滥挖河段砂石，致使河床下降，造成桥墩基础隐患。

上述情况，在一些发达国家，如美国、日本、西欧和北欧等国家也相当严重。

综上所述，为了保证旧桥的安全运营和尽可能延长其安全使用年限，应对旧桥进行检查、检测、评估，并应不断地定期进行。只有这样，才能及时提出有针对性的解决实际问题的维修加固方案。

二、检测与评估的内容方法

（一）检测与评估的技术与原则

1. 旧桥检测的技术

旧桥检测技术主要包括两个内容，即桥梁检查和荷载试验评定技术。

桥梁检查是进行桥梁养护、维修与加固的前期工作，是决定维修与加固方案可行和正确与否的可靠基础。其目的在于：通过对桥梁的技术状况、缺陷和损伤进行全面、细致、深入的现场检查，查明缺陷或潜在缺陷和损伤的性质、所在部位、严重程度及发展趋势，弄清产生缺陷、发生损伤的原因，以便能分析、评价缺陷和损伤对桥梁质量及承载能力产生的影响，并为桥梁加固和改造设计提供具体技术资料。

自 20 世纪 50 年代中期，我国已展开了对混凝土结构现场无破损或半破损检测方法的研究，70 年代以后发展尤为迅速。目前已广泛用于工程测试，并已制定了若干项目的技术规程。

在工程实践中，还经常采用实桥荷载试验来评定旧桥的承载能力和安全度，并由此确定出加固或改建的方案。特别是对于那些缺乏原始设计资料和图纸的旧桥，用荷载试验方法来确定能否提高承载能力就是一种切实可行的方法。荷载试验评定是对桥梁结构物进行直接加载测试的一项科学试验工作，可直接了解桥梁在试验荷载作用下的实际工作状态及一些理论上难以计算的部位的受力状态，判别桥梁结构的安全承载能力和使用条件；也可以确定一些理论上无法考虑的因素，如所用材料的相对匀质性、不同龄期混凝土的不同力学特性和修建质量等，对结构受力的影响。此外，荷载试验还常常有助于发现在一般性桥梁检查中难以发现的隐蔽病害。所以，目前我国仍然普遍采用荷载试验评定方法来鉴定旧桥的质量与可靠程度，并确定旧桥的实际承载能力及使用条件。

2. 旧桥评估的原则

为了选定技术上可行、经济上合理的桥梁加固、改造方案，首先必须对桥梁技术状况、各种缺陷、病害进行全面细致的检查与检测。在检查、检测的基础上，对旧桥工程现状、承载能力做出正确的评价，这是旧桥加固、改造工作的重要环节之一。

旧桥评价一般包括使用功能、结构承载力和使用价值 3 个方面，具体内容如下。

（1）旧桥使用功能评价

在桥梁有效使用期内，对旧桥的评价，首先是评价其使用功能，评价的具体内容如下。

①设计技术标准：原设计荷载标准、桥面净空、桥下净空、孔径、基础埋置深度等，是否满足运营要求。

②桥涵各部构造完好程度：各部构造能否保持正常使用，如桥面平整度、伸缩缝、泄排水设施、支座、栏杆、人行道等构件的完好状况；上、下部承重结构质量状况，有无裂缝、腐蚀、风化、疲劳等破损现象及挠曲、沉陷等位移变形现象，以及对桥梁整体正常使用功能的影响程度。

③桥梁养护状况及意外事故的分析：是否经常对桥梁进行检查、养护；养护难易程度，经常性养护费用及养护材料、机具设备的消耗情况；有无发生过意外事故，发生事故的概率，处理事故的难易程度等，并对桥梁的使用功能进行分析，并做出评价。

（2）旧桥结构承载能力评价

在对桥梁使用功能评价的基础上，应通过对上、下部结构做静、动载计算分析，或对静、动载试验结果进行分析，从而对桥梁结构承载能力做出切合实际的评价，这也是对旧桥使用功能做出的实质性的分析评定。

（3）旧桥使用价值评价

在对旧桥做出上述两项评价之后，应从技术可能性、经济合理性的角度出发，对旧桥在设计运营期间内的使用价值做出评价。分析结果表明：如果对旧桥加固、改造利用的总效益大于建新桥的总效益，则认为对旧桥进行加固、改造利用是必要的、可行的。

（二）检测与评估的具体步骤

1. **了解桥梁概况所涉及的内容**

所谓桥梁概况，应包括以下内容。

①桥位及自然条件。该桥所在公路路线名称、所在地名、跨越的江河名称；桥位处的水文、地质、气象和地震等情况。

②桥全长、桥型及跨径组成、孔数。

③设计标准。主要内容包括大桥功能，桥上线路技术等级，桥上设计车速，桥面净宽，桥梁设计荷载等级，平面曲线，竖曲线，桥上纵、横坡，桥下通航净空，地震设防，基本风速，温度影响等。

④主要工程材料。

⑤建造年代，日后的变迁。

⑥桥上通过的车辆类型、荷载等级，日交通量及其变化。

⑦如果是病害严重的桥或危桥，应了解主要病害情况，特别是那些可能引起桥梁塌落的征兆。

2. **搜集和熟悉桥梁的技术档案**

对桥梁概况的了解是必要的，但这只是一般性的。对检测与评估能起重要参照和指导作用的是桥的技术档案。技术档案包括建造、大修和加固的设计文件，施工记录，设计变更及隐蔽工程检验，施工总结，监理总结，竣工资料，预制构件的出厂合格证书，材料试验及抽检资料，日常养护维修资料，定期检测及有关资料，河床的变迁等。

应尽量将有关资料搜集齐全，这样有利于研究分析问题，有利于做出科学的恰如其分的评估，否则会给评估工作带来困难。

3. **对全桥做普遍观察量测**

对全桥做普遍观察量测，是对桥梁结构的各个细部和构件等进行观察，以及量测一些关键性的数据。只有这样，才能较全面地发现旧桥各部位存在的病害。

（1）桥头引道、河床及桥址的观察量测

在观察量测桥梁的引道、河床和导流物时，应先根据设计资料，了解设计时的要求，然后通过观察量测检查弄清以下情况：桥头引道的构造、河道变迁，以及河床有无冲刷淤积等。

重点应察看正桥与引桥、引道的衔接处是否正常，桥墩台处的局部冲刷与设计时采用的数据相比是否偏大，河流河道是否改变，桥下净空有无改变，以及两岸的桥头锥坡有无冲刷和损坏等。在必要的情况下，还应进行水流速度的测定，并确定河流水势的流向。

（2）量测全桥的线型和标高

量测全桥的标高，包括上部和下部结构的标高，如墩台的支承垫石或支承板、承台和梁底标高等。如果桥梁的标高和线型良好，说明桥梁无大的病害；如果有变化、且变化较大，则表明该桥有可能是基础发生了沉降、上部结构有较大的损伤和变形，对预应力混凝土结构而言，则有可能是发生了收缩徐变等。

（3）圬工梁拱的观察量测要点

①观察圬工有无风化、剥落、破损及裂缝，注意变截面处、加固修复处及防水层的情况；对圬工剥落、裂缝处，应注意钢筋的锈蚀情况。

②钢筋混凝土梁应重点观察宽度超过 0.3 mm 的竖向裂缝，并注意观察有无斜向裂缝及顺主筋方向的纵向裂缝。

③预应力钢筋混凝土梁要观测梁的上拱度变化，并注意观察有无不容许出现的垂直于主筋的竖向裂缝。

④拱桥应测量实际拱轴线和拱圈（或拱肋）尺寸，并检查它们有无横向（垂直路线方向）的裂缝发生。

⑤对所有宽度大于等于 0.3 mm 的裂缝应观察量测裂缝的深度及裂缝是否贯穿。

⑥应用回弹仪和其他办法量测混凝土的实际强度。

⑦应绘制裂缝分布、走向、长度、宽度及深度图。

4. 桥梁的静动载检测

前面论述的是需要对桥梁各组成部分进行的观察和量测。这些工作是绝对必需的，也是不可缺少或省略的。检测人员通过这些工作，可在一定程度上了解旧桥的病害情况。如果旧桥的病害不太严重，结构较简单，有关技术资料较齐全，此时进行一些分析计算，便可对该旧桥进行评估。但是，如果旧桥的病害较多、较严重，在完成上述工作后，则还必须进行静动载检测。

静动载检测可以对旧桥的承载能力做出最直接、最准确的判断。

旧桥的静动载检测之基本内容、方法和使用的仪器设备等，同本书中成桥检测部分，这里就不再赘述。

三、检测与评估的依据及应提交的成果

（一）检测与评估的依据

1. 具有法规效力的依据

在进行前述的全部检测工作时，以及在全部检测工作完毕后进行评估工作时，一定要有据有序进行。具有法规效力的依据主要有以下几点。

第一，委托方（业主）与被委托方签订的有效合同及其附件。

第二，被检测与评估的桥梁所在地政府、政府主管部门及质检部门对该桥有关的指令、意见、要求等。

第三，委托方向被委托方提供的该桥的原设计文件、原施工文件及竣工验收文件等。

第四，国家部委颁布的有关规范、标准等，主要有以下几点。

①《铁路桥梁检定规范》（铁运函〔2004〕120号）；

②《铁路桥涵设计基本规范》（TB 10002—2017）；

③《铁路桥涵混凝土结构设计规范》（TB 10092—2017）。

除上面列举的规范外，还会涉及另外一些规范、标准、规程和规定，如《回弹法检测混凝土抗压强度技术规程》（JGJ/T 23—2011）、《超声法检测混凝土缺陷技术规程》（CECS 21：2000）和《铁路混凝土强度检验评定标准》（TB 10425—2019）等。

2. 采用规范、标准时的注意事项

①这些规范、标准等，每隔数年都会被修订或重新制定，会有新的版本出现，届时应采用新版本。

②我国桥梁工程的设计、施工规范及标准等，基本上由交通运输部发布。一般讲，公路桥和公铁两用桥的公路桥采用公路桥规范，铁路桥和公铁两用桥的铁路桥采用铁路桥规范。

（二）检测评估应提交的成果

1. 检测评估报告的主要内容

在进行全面检测、检算和分析的基础上，应对旧桥做出科学评估，得出符合实际情况的结论。所提交的检测评估报告应包括以下内容：

①检测目的；

②桥梁概况；

③桥梁现状，即经过对全桥观察量测后，了解到的桥梁病害情况、损伤情况及存在的主要问题等；

④桥梁的静、动载检验（未做荷载检验的桥梁略去此项）；

⑤桥梁检算情况；

⑥桥梁承载力的分析评估；

⑦桥梁承载力的鉴定意见及附加条件；

⑧对维修加固工作的建议。

此外，应附有必要的资料、图表、照片等。

2. 桥梁承载力的分析与评估

对被检测旧桥的承载力做出评估，是检测与评估工作的最后落脚点。应充分利用调查、检测、载荷检验的资料，根据桥梁的结构特点，按以下几点综合验算、分析、评估桥梁的承载力及使用条件。

（1）结构的强度与稳定性

①遵照本节所列举的有关规范，采用业主所希望通过的载重等级，或依桥梁所在路线近期载重要求，按交通运输部颁布的荷载等级进行结构强度和稳定性检算。

有时为了充分利用旧桥，当按规范要求布置挂车或履带车检算桥梁承载力不能通过时，也可采用限制车辆运行路线（如加大车轮边缘与路缘石间距）、车间距和车速等措施进行桥梁承载力检算。

②根据桥梁的现状，即根据桥梁的实际情况，参考原设计计算资料，可着重进行结构主要控制截面、结构薄弱部位的检算。

检算时，应以实际调查量测到的结构各部位尺寸及材料强度为依据。若实际调查值与设计值相差不大，仍可按设计值进行检算。对于有严重质量问题，或者说有严重病害损伤的构件，应考虑折减。

③桥梁主要构件在按规范要求进行强度及稳定性检算符合要求，同时桥梁使用状况较好时，可评定桥梁承载力符合检算荷载要求；否则，应降低检算荷载，重新进行检算。

④桥梁的非主要构件，如拱桥拱上建筑、梁桥桥面板、横隔板等的强度和稳定性同样应满足检算要求，如不符合要求，应进行局部补强、加固或改建。

⑤仅由于少数结构构件混凝土有严重质量问题或病害损伤严重，或者钢构件

腐蚀严重、变形过大、甚至有裂纹等，影响了桥梁的承载力，致使检算不能通过时，可对少数构件进行补强或更换。

⑥对混凝土结构构件及钢结构构件轻微的质量问题，或位于结构次要部位的一般问题，在基本不削弱结构承载力的情况下，可不予补强。但应采取措施，防止已发生的质量问题继续恶化，如对钢筋混凝土构件要采取必要的防锈措施、对钢构件要将锈除掉，并涂刷防锈漆等。

（2）对桥梁结构刚度的要求

桥梁结构必须要有足够的刚度，以满足正常运营的需要。通常，用限制最大竖向挠度和横向最大振幅的办法来分别满足桥梁结构的竖向刚度和横向刚度要求。

第一，公路桥。有关的公路桥设计规范对最大竖向挠度的允许值做了如下规定。荷载检测实测挠度一般应不大于相应的计算值。

第二，铁路桥。有关的铁路桥设计规范对最大竖向挠度的允许值做了如下规定。荷载检测实测挠度一般应不大于相应的计算值。

第三，由于公路桥与铁路桥的活荷载及车行线路（车道）不一样，相对来讲，公路桥要比铁路桥宽得多。因此，公路桥有关的设计规范未对桥的宽跨比做出规定和要求，而铁路桥有关的设计规范为了满足横向刚度的要求，对桥的宽跨比等做出了规定和要求。

此外，《铁路桥梁检定规范》（铁运函〔2004〕120号）还分别对各类简支梁、钢筋混凝土梁的实测跨中横向最大振幅和最低自振频率做出了规定。并对石砌、混凝土和钢筋混凝土实体墩在活载作用下的实测墩顶横向最大振幅和最低频率做出了规定。

（3）综合评定

在实际工作中，为了保证正常运营，还要根据已观测的桥面、栏杆、人行道、伸缩缝、支座和排水设施等情况，对桥梁现状做出综合评定。

第四章 地基与基础试验检测

地基直接承受上部结构物传来的荷载，地基的过大沉降或不均匀沉降往往是造成结构物破坏的主要因素。因此，在桥梁工程设计或施工过程中往往需要准确测定地基的承载力。而随着技术进步及检测方法的完善，地基检测人员对地基与基础试验综合检测方法给予了越来越多的关注，各类地基验收方法，如雨后春笋般出现。本章分为地基承载力检测、钻孔灌注桩检测、桩身完整性检测、基桩承载力检测四部分，主要内容包括地基承载力、地基承载力试验检测方法、检测标准等方面。

第一节 地基承载力检测

一、地基承载力

（一）相关术语

①地基极限承载力。使地基发生剪切破坏而即将失去整体稳定性时相应的最小基础底面压力，称为地基极限承载力。

②地基容许承载力。要求作用于基底的压应力不超过地基的极限承载力，有足够的安全度，而且所引起的变形不超过建（构）筑物的容许变形。满足以上两项要求的地基单位面积上所承受的荷载称为地基容许承载力。

（二）地基承载力的确定

地基承载力可根据地质勘测、原位测试、野外载荷试验以及邻近建（构）筑物调查对比，由经验和理论公式计算综合分析确定。地基承载力通常由下列几种途径来确定：

①由现场载荷试验或原位测试确定；

②按地基承载力理论公式计算；

③按现行规范提供的经验公式计算；

④在土质基本相同的条件下，参照邻近结构物地基的容许承载力。

（三）地基承载力的相关标准

《公路桥涵地基与基础设计规范》（JTG 3363—2019）中有关地基承载力的规定包括以下几方面。

①地基承载力容许值是在地基原位测试或规范给出的各类岩土承载力基本容许值的基础上经修正而得的，也就是在地基压力变形曲线上，在线性变形段内某一变形所对应的压力值。

修正后的地基承载力容许值是在地基载荷试验和其他原位测试或按《公路桥涵地基与基础设计规范》（JTG 3363—2019）给出的各类岩土承载力基本容许值的基础上经修正后得到的。

②地基承载力基本容许值应首先考虑由载荷试验或其他原位测试取得，其值不应大于地基极限承载力的1/2。对中小桥、涵洞，当受现场条件限制或载荷试验和原位测试确有困难时，也可按照《公路桥涵地基与基础设计规范》（JTG 3363—2019）第4.3.3条规定采用。

③地基承载力基本容许值应根据基底埋深、基础宽度以及地基土的类别按《公路桥涵地基与基础设计规范》（JTG 3363—2019）中第4.3.4条规定进行修正；当缺乏上述资料时，可按《公路桥涵地基与基础设计规范》（JTG 3363—2019）推荐的方法确定。

二、地基承载力试验检测方法

（一）荷载板试验

荷载板试验是确定天然地基承载能力的一种方法，它通过向置于天然地基上的模型基础施加荷载，测量模型在不同荷载等级作用下的沉降量，根据荷载和沉降量的关系来计算地基土的变形模量和评定地基的承载能力。荷载板试验属于古老的原位试验方法，该方法能克服室内压缩试验土样处于无侧胀条件下单向受力状态的局限性，可以模拟桥梁基础与地基之间的实际受力状态。

1.试验方法

在要建造墩台基础的土层挖试坑，坑底标高与基础底的设计标高相同。当在压缩层范围内有多层不同性质的土时，则应对每一土层各挖一试坑，其坑底要达到该土层的顶面。坑的大小应使试验人员下坑工作不发生困难为原则，且其宽度必须为荷载板宽度的三倍以上。为保证试验质量，挖土和排水都应特别小心，要使坑底土尽量少受扰动。所施加的每一级中心荷载通过一块刚性的荷载板传到土层面上。试验的加载方法分两大类：一类为平台加载装置，荷载（钢、铁等物）分级加在平台上；另一类是千斤顶加载装置，千斤顶直接压在荷载板上，而千斤顶的反力由上面的重物承受。还需提及的是，当要在埋得较深的土层面上做荷载试验（称为深层荷载板试验）时，则需要用机械（如钻机）来挖试坑，同时还需要在荷载板上设置一根足够长的且具有足够强度和刚劲的传力杆，借此将所施加的各级荷载传给荷载板，再由荷载板传到土层。

根据土层的软硬程度不同，荷载板的面积为 $2500 \sim 10000 \ cm^2$。显然，对松软的土应取大值，对密实的土可取小值，常用荷载板的面积为 $5000 \ cm^2$。荷载板的形状一般为方形和圆形。荷载板通常用硬木、钢板或混凝土做成。

一般用百分表或标尺等装置来测量荷载板的沉降量。

加载是分级进行的，视土质的坚实程度，每级荷载相当于估计的地基破坏荷载的 $1/10 \sim 1/15$（或相应于基底压应力 $25 \sim 100 \ kPa$ 的荷载），松软的土采用较小值，坚硬的土采用较大值。刚开始加载时，荷载板沉降快，每 $5 \sim 15 \ min$ 观测沉降量一次。$1 \ h$ 后，沉降迅速减缓，对砂土可每 $30 \ min$ 观测沉降量一次；对黏性土则可每 $60 \ min$ 测一次沉降量。当每一次测出的沉降量不超过 $0.1 \ mm$ 时，即可认为该级荷载的沉降已经稳定，便可加下一级荷载。如此逐级加荷载，直至地基达到破坏为止。

当逐级施加荷载到破坏荷载时，试验就可结束。破坏荷载有时较难确定，一般认为凡满足下列条件之一的荷载取为地基破坏荷载：

①荷载板的沉降量超过 $40 \ mm$，且最后一级荷载施加后的沉降量比前一级大 5 倍以上者；

②最后一级荷载施加后的沉降量虽比前一级大 2 倍以上，但沉降在 $24 \ h$ 内仍不休止者；

③荷载板的沉降量虽小于 $40 \ mm$，但荷载板周围的土层面上已有裂纹者。

地基破坏时的荷载叫破坏荷载，其前一级的荷载叫极限荷载。

2. 资料分析

①绘制沉降曲线。根据荷载板试验记录资料可以绘制出荷载板试验的时间 - 沉降曲线和压力 - 沉降曲线。

②求变形模量 E。由现场荷载板试验资料，可求出侧面可自由膨胀的地基土的变形模量 E，用弹性理论公式求得：

圆形荷载板时

$$E = \frac{1-\mu^2}{s} \cdot \frac{P}{d} = \frac{\pi(1-\mu^2)}{4} \cdot \frac{P}{s}$$

方形荷载板时

$$E = 0.95\frac{1-\mu^2}{s} \cdot \frac{P}{a} = 0.95(1-\mu^2)a \cdot \frac{P}{s}$$

式中：

P——作用在荷载板上的单位压力（kPa）；

s——在直线 OA 范围内对应于 P 的沉降（mm）；

d——圆形荷载板的直径（mm）；

a——方形荷载板的边长（mm）；

μ——地基土的侧膨胀系数，即泊松比。

③求地基的沉降 s。由荷载板试验求得各层土的 E 值后，可直接用常用的分层总和法计算地基的沉降。这里必须注意，切不可忽略模型试验的本质，不要误认为实际基础的沉降量即荷载板试验所得荷载沉降曲线上相当于基底压力 P 时的沉降量。因为基底形状与荷载板的形状不同，基底面积也比荷载板大得多，所以实际基础的沉降量要比荷载板的沉降量大得多。

④求地基容许承载力 σ。利用荷载 - 沉降曲线可求得地基容许承载力，其方法是：若给出了基础的容许沉降值 s，则可从荷载 - 沉降曲线求出相应于该极限沉降量（极限沉降量为 ks，k 为安全系数）的极限荷载来，将此极限荷载（单位压力）除以 k，即可求出地基容许承载力 σ，k 一般为 $2 \sim 3$。也可以直接从荷载 - 沉降曲线上确定极限荷载，再除以相应的安全系数，即得到地基容许承载力 σ。

（二）触探试验法

触探试验法是在钻杆下端安装锥形探头，用动力或静力的方式把它贯入地基中，通过测定探头的贯入阻力来间接地算出地基的承载力。显然，贯入阻力大，反映土的抗剪强度高，也就是地基承载力大，即贯入阻力与地基承载力之间存在着一定的关系。近年来，我国建设部门已把触探试验法作为一种地基勘探的手段予以推广。

1. 静力触探试验

静力触探试验是采用静力触探仪，通过液压千斤顶或其他机械方法，把锥形探头以静力压入土层，用电阻应变仪测出土的贯入阻力，根据已建立的贯入阻力和承载力、变形模量等的相互关系，可在工地直接测定地基承载力及变形模量等数据。其最大贯入深度为 30 m，一般适用于软土、黏性土、砂土和黄土等。

静力触探的设备由两部分组成。一是贯入系统，其作用是将装有传感器的探头压入土中；二是量测系统，其作用是将土层的贯入阻力反映和记录下来。显然，由于各类土层的物理力学性质不一样，探头遇到的阻力也不一样。土软，阻力就小；土硬，阻力就大。土的软硬就是土的强度（承载力）的一种表现。所以贯入阻力间接地反映了土的承载力。

2. 动力触探试验

当土层较硬，用静力触探无法贯入土中时，可采用动力圆锥触探仪。它的构造分为 3 个部分，即圆锥形探头、钻杆和冲击锤。它的工作原理是把锤沿导杆提升到一定高度，然后使它自由下落冲击杆上的锤托，迫使探头贯入土中。这时贯入阻力以贯入一定深度所需的锤击次数 N 来衡量。动力触探仪的类型和标准在国内外很不统一。根据国际土力学和基础工程协会（ISSMFE）的建议，动力触探仪的类型可分为 3 种。对于轻型和中型动力触探仪，钻杆直径为 22 mm；对于重型动力触探仪，必须是 32 mm。一般要求冲击速率为 30 次 /min，中途不得停歇。贯入阻力以每贯入 20 cm 所需的锤击数 N_{20} 来确定，并绘出 N_{20} - H（锤击数 - 贯入深度）曲线图。

根据锤击数可以算出每锤击一次的平均下沉量，然后利用荷兰打桩动力公式可以求出贯入阻力：

$$R_{\mathrm{d}} = \frac{98.1M^2H}{Ae(M+P)}$$

式中：

R_{d}——探头单位面积上的贯入阻力（kPa）；

e——每锤击一次的平均下沉量（cm）；

M——锤重（kg）；

H——锤落高度（cm）；

P——钻杆和探头质量（kg）；

A——探头截面积（cm²）。

对于砂土和一般黏性土地基的浅平基，可根据上式求出 R_d，再按经验公式计算地基的基本容许承载力 σ_0，即

$$\sigma_0 = \frac{R_d}{20}$$

对于饱和黏土地基，由于孔隙水承担了一部分冲击力，会暂时提高 R_d 值，这是不安全的。因此，最好采用静力触探试验。

应当特别指出的是，用动力触探试验测定地基容许承载力的可靠性较差，安全系数用得也较大。一般情况下最好用静力触探试验，只有在静力触探试验遇到困难时才考虑用动力触探试验。

第二节　钻孔灌注桩检测

一、检测标准

近年来，我国颁布的一系列标准，如《建筑地基基础工程施工质量验收规范》（GB 50202—2018）、《建筑桩基技术规范》（JGJ 94—2008）和《公路桥涵施工技术规范》（JTG/T 3650—2020）等，都对混凝土灌注桩成孔质量的检验内容、检验标准、检查方法等提出了具体的规定和要求。成孔质量检验的内容包括泥浆的性能指标、钻孔位置、孔深、孔径、垂直度、沉淀厚度等。

（一）泥浆性能指标

在基桩的岩土地层钻孔过程中，一般都要采取护壁措施。泥浆作为钻探的冲洗液，除起护壁作用外，还具有携带岩土、冷却钻头、堵漏等功能，泥浆性能的好坏直接影响钻进效率和生产安全。钻孔泥浆一般由水、黏土（或膨润土）和添加剂按适当配合比配制而成。

一方面，《公路桥涵施工技术规范》（JTG/T 3650—2020）对泥浆性能指标做出了具体规定。另一方面，对于大直径或超长钻孔灌注桩，泥浆的选择应根据钻孔的工程地质情况、孔位、钻机性能、泥浆材料等来确定。在地质复杂、覆盖层较厚、护筒下沉不到岩层的情况下，宜使用丙烯酰胺即 PHP 泥浆。

（二）成孔质量标准

在终孔和清孔后，应对成孔进行孔位、孔深检验。交通运输部标准《公路桥涵施工技术规范》（JTG/T 3650—2020）规定，孔径、孔形和倾斜度宜采用专用

仪器测定。当缺乏专用仪器时，可采用外径为钻孔桩钢筋笼直径加 100 mm（不得大于钻头直径），长度为 4 ～ 6 倍孔径的钢筋检孔器吊入钻孔内检测。

二、钻孔灌注桩质量检测

（一）桩位偏差测量

桩位偏差是指成桩后的位置与设计位置的差距。桩位应在基桩施工前按设计桩位平面图放样桩的中心位置，但由于施工中测量放线不准、护筒埋设有偏差、钻机对位不正，钻孔偏斜、钢筋笼下孔偏差等因素，成桩后桩位与设计位置发生偏离。若桩位偏离超过设计允许范围，桩的受力状况发生变化，将导致桩的承载力和可靠性降低、工程造价增加、工期延误等。因此，成桩后要对实际桩位进行复测，用精密经纬仪或红外测距仪测量桩的中心位置，看其是否满足设计规定和相应规范、标准对桩位中心位置的偏差要求。

（二）钻孔倾斜度检查

在灌注桩的施工过程中，能否确保基桩的倾斜度，是衡量基桩能否有效地发挥作用的一个关键因素。一般对于竖直桩，其倾斜度允许偏差范围在 50 ～ 200 mm，或是桩长的 0.5% ～ 1%。在孔口沿钻孔直径方向设标尺，标尺上 0 点与钻孔中心重合，并使滑轮、标尺 0 点和钻孔中心在同一铅垂线上，其高度为 H_0。穿过滑轮的测绳一端连接用钢筋弯制的圆环（圆环直径比钻孔直径略小些），另一端通过滑轮用手拉住。将圆球慢慢放入钻孔中，并测读测绳在标尺上的偏距 e，则倾斜角 $n = \arctan(e/H)$。该方法工具简单，操作方便，但测读范围以 e 值小于钻孔的半径为最大限度，且读数不太精准。

当检查的桩孔深度较深且倾斜度较大时，可根据地质及施工情况选用 JDL-1 型陀螺斜测仪或 JJX-3 型井斜仪检查，也可采用声波孔壁测定仪绘出连续的孔壁形状和垂直度。

（三）桩的孔径和垂直度检测

桩的孔径和垂直度检测是成孔质量检测中的两项重要内容。目前，桩的孔径和垂直度检测主要有钢筋笼式检孔器检测和伞形孔径仪检测两种方法，它们大多可同时检测孔径和垂直度。

1. 钢筋笼式检孔器检测

钢筋笼式检孔器是一种简便的检测工具，它制作简单、检测方便、应用广泛。检孔器的尺寸可根据设计桩径大小设计。检孔器的外径应不小于设计桩孔的直径，长度宜为外径的 4 ～ 6 倍。检孔器用钢筋制作，应有一定的刚度，每次检测前应十字交叉测量检孔器外径，二者之差不宜大于 20 mm，并应防止使用过程中变形。检测前，待钻孔的孔深、清孔泥浆指标等检查合格后，再用三脚架将孔径器放入孔内。检孔器对中后，上吊点的位置应固定，并保持在整个检测过程中位置不变。检孔器靠自重下沉，若能在自重作用下顺利下沉到孔底，则表明孔径能满足设计要求。若不能下沉到孔底，则说明孔径小于设计孔径，应进行扩孔处理。

2. 伞形孔径仪检测

伞形孔径仪由测头、放大器和记录仪三部分组成。测头为机械式的构件，测头放入测孔之前，将四条腿合拢并用弹簧锁定，待测头放入孔底后，四条腿即自动张开。当测头缓缓上提时，在弹簧力作用下，四条腿端始终紧贴孔壁，随着孔壁凹凸不平状况相应张开和收拢，带动测头密封筒内的活塞上下移动，使四组串联滑动电阻来回滑动，将电阻变化转化为电压变化，经放大器放大，并由记录仪记录，即可绘出孔径大小随孔深的变化情况。

用伞形孔径仪测量孔的斜度就是在孔内不同深度连续多点测量其顶角和方位角，从而计算钻孔的倾斜度。顶角测量利用的是铅垂原理，测量系统由顶角电阻（阻值已知）和一端装有重块并始终保持与水平面垂直的测量杆组成。当钻孔倾斜时，顶角电阻和测量杆间就有一角度，仪器内部机构便根据角度的大小短路一部分电阻，剩下的电阻即为被测点的顶角电阻。方位角由定位电阻、接触片等磁定向机构来测量，接触片始终保持指北状态，方位角变化时接触片的电阻也随之变化，只要知道电阻的大小，便可确定被测点的方位角。

（四）桩底沉淀厚度检测

桩底沉淀土的厚度极大地影响着桩端承载力的发挥，因此在施工过程中必须严格控制桩底沉淀土的厚度，常用的方法有垂球法、电阻率法和电容法。

1. 垂球法

垂球法是一种惯用的简易测定沉淀土厚度的方法。将质量不小于 1 kg 的平底圆锥体垂球，端部用专用测绳连接，把垂球慢慢沉入孔内，接触孔底时，轻轻拉起垂球并放下，判断孔底位置，其施工孔深和量测孔深之差值即为沉淀土的厚度。

2. 电阻率法

电阻率法沉淀土测定仪由测头、放大器和指示器组成。根据不同介质（如水、泥浆和沉淀颗粒）具有不同的导电性能，可以由电阻阻值的变化情况来判断沉淀土的厚度。测试时，将测头慢慢沉入孔中，观察表头指针的变化，当出现突变时，记录深度 h_1；继续下沉测头，指针再次突变，记录深度 h_2；直到测头不能下沉为止，记录深度 h_3。设施工深度为 H，各沉淀土厚度为（$h_2 - h_1$）、（$h_3 - h_2$）和（$H - h_3$）。

3. 电容法

电容法沉淀土厚度测定原理是当金属两极板间距和尺寸不变时，其电容量和介质的电解率成正比关系，而水、泥浆和沉淀土等介质的电解率有较明显差异，因而可由电解率的变化量测定沉淀土的厚度。

第三节　桩身完整性检测

一、桩身完整性低应变反射波法检测

（一）主要特点

第一，反射波法的优点包括：仪器设备轻便，操作简单，成本低廉；可对桩基工程进行普查，检测覆盖面大；可检测桩身完整性和桩身存在的缺陷及位置，估计桩身混凝土强度、核对桩长等。

第二，反射波法的局限性主要包括以下几方面：

①检测桩长的限制，对于软土地区的超长桩，长径比很大，桩身阻抗与持力层阻抗匹配好，常测不到桩底反射信号；

②当桩身截面阻抗渐变时，容易造成误判；

③当桩身有两个以上缺陷时，较难判别；

④在桩身阻抗变小的情况下，较难判断缺陷的性质；

⑤嵌岩桩的桩底反射信号多变，容易造成误判。

在嵌岩桩的时域曲线中，桩底反射信号变化复杂，桩底反射信号与激励信号极性相反；但若桩底混凝土与岩体阻抗相近，则桩底反射信号不明显，甚至没有；若桩底有沉渣，则有明显的同相反射信号。因此，应对照受检桩的桩型、地层条件、成桩工艺、施工情况等进行综合分析，不宜单凭测试信号定论。

第三，混凝土强度与波速的关系。在工程检测中，人们常用波速估计混凝土的强度等级，这是一种平均强度的概念。实际上，桩身混凝土强度远非平均强度指标所能评价。而混凝土强度与波速之间的关系比较复杂，影响混凝土的强度因

素很多。罗杰耶（Tijou）于 1984 年通过试验得出了混凝土强度与波速的关系，如表 4-1 所示。

表 4-1 试验室内混凝土强度与波速的关系

波速 /（m/s）	3000 ～ 3250	3250 ～ 3500	3500 ～ 3570	3570 ～ 4000
抗压强度 /MPa	20	25	30	35

中国科学院武汉岩土力学所根据大量地区性现场测试资料得出的波速与混凝土质量的关系，如表 4-2 所示。

表 4-2 波速与混凝土质量的关系

波速 /（m/s）	> 4000	3500 ～ 4000	3000 ～ 3500	2000 ～ 3000	> 2000
混凝土质量	优	好	中等	差	极差
等级	I	II	III	IV	V

（二）检测仪器

根据《公路工程基桩检测技术规程》（JTG/T 3512—2020）中对低应变反射波法检测系统的说明，可知低应变反射波法检测系统由基桩动测仪、传感器、激振设备等组成。

1. 基桩动测仪

目前，国内外的动测仪都已把采集放大存储各部件与计算分析软件融为一体，集成为基桩动测仪。我国制定的《基桩动测仪》（JG/T 518—2017）规程，对基桩动测仪的主要技术性能指标做出了规定。该规程将动测仪器产品的主要技术性能分为 1、2、3 三个等级：1 级较低，3 级较高。其中，2 级基桩动测仪的性能指标要求如下。

①A/D 转换器分辨率大于或等于 12 bit（bit 表示信息的最小单位），单道采样频率大于或等于 20 kHz。

②对于加速度测量系统的频率响应：当幅频误差小于或等于 ±5% 时，要求为 3 ～ 3000 Hz；当幅频误差小于或等于 ±10% 时，要求为 2 ～ 5000 Hz。幅值非线性振动应小于或等于 5%。在进行冲击测量时，零漂应小于或等于 1% FS(%FS 表示精度和满量程的百分比）。传感器安装谐振频率应大于或等于 10 kHz。

③对于速度测量子系统的频率响应：当幅频误差小于或等于 ±10% 时，要

求为 10 ～ 1200 Hz；幅值非线性振动应小于或等于 10%；传感器安装谐振频率应大于或等于 2 kHz。

④单通道采样点数应大于或等于 1024；系统动态范围应大于或等于 66 dB；输出噪声电平有效值应小于或等于 2 mV；衰减挡（或程控放大）误差应小于或等于 1%；任意两通道间的通道幅值一致性误差应小于或等于 ±0.2 dB，相位一致性误差应小于或等于 0.05 ms。

⑤环境条件：工作时相对湿度（温度 40 ℃时）应为 20% ～ 90%。

从上述性能指标看，国内外基桩动测仪生产厂家生产的基桩动测仪，其性能指标均已达到或超过 2 级基桩动测仪的技术性能指标，完全可以满足低应变反射波法基桩检测的需要。动测仪器是在野外恶劣的环境条件下使用的，容易损坏。为了满足我国计量法规定的量值传递要求，保证有效使用范围，根据计量认证的规定，应每年定期对基桩动测仪进行计量检定。有关动测仪器各部件的技术性能指标及检定条件，可参考《基桩动测仪测量系统》[JJG（建设）0003—1996] 和《基桩动测仪》（JG/T 518—2017）中的有关规定。

《公路工程基桩动测技术规程》（JTG/T 3512—2020）对采集处理仪器有如下规定：

①数据采集装置中的模数转换器不得低于 12 bit；

②采样间隔宜为 10 ～ 500 μs，可调；

③单通道采样点不少于 1024 点；

④放大器增益宜大于 60 dB，可调，线性度良好，其频响范围应为 5 ～ 5000 Hz。

2. 传感器

①传感器宜选用压电式加速度传感器或磁电式速度传感器，频率响变曲线的有效范围应覆盖整个测试信号的频带范围。

②加速度传感器的电压灵敏度应大于 100 mV/g，电荷灵敏度应大于 20 pC/g，上限频率不应小于 5 kHz，安装谐振频率不应小于 6 kHz，量程应大于 100 g。（g 为重力加速度，其值为 9.8 m/s^2）

3. 激振设备

（1）激振锤的材质与性能

为了满足不同的桩型和检测目的，应选择符合材质和质量要求的手锤或力棒，以获得所需的激振频率和能量。低应变反射波法基桩质量检验用的手锤和力

106

棒，其锤头的材质有铜、铝、硬塑、橡皮等。改变锤的质量和锤头材质，即可获得检测所需的能量和激振频谱要求。

在相同材质的情况下，质量大的手锤或力棒，力值也大，主频相对较低；当锤或棒的质量相同时，主频随钢、铝、硬塑、橡皮、杂木硬度的降低而减小。

锤击桩头的目的是在桩顶输入一个符合检测要求的初始应力波脉冲，其基本技术特性为波形、峰值、脉冲宽度或频谱，输入能量。当波形一定时，我们关注的主要问题是峰值和脉宽。峰值决定激励桩身的应力大小，脉宽决定激励的有效频段范围，两者组合将决定输入能量的大小及能量在整个有效频段内的分配。

（2）锤击振源对基桩检测信号的影响

①锤击能量。锤击能量的大小取决于锤的质量和下落速度。对大直径长桩，应选择质量大的锤或力棒，以产生主频率低、能量大的激励信号，获得较清晰的桩底反射信号，但这时桩身的微小缺陷会被掩盖。

②锤头材料。锤头材料硬，产生的高频脉冲波有利于提高桩身缺陷的分辨率，但高频信号衰减快，不容易探测到桩身的深部缺陷；锤头材料软，产生的低频脉冲波衰减慢，有利于获得桩底反射信号，但降低了桩身缺陷的分辨率。

③脉冲宽度。小钢锤的脉冲宽度约为 0.6 ms，尼龙锤约为 2.0 ms，橡皮锤约为 4.8 ms。激振脉冲宽度大，有利于探测桩身的深部缺陷，但当波长大于缺陷尺寸时，由于波的绕射作用，桩身内的小缺陷不容易被识别，从而降低了分辨率；激振脉冲宽度小，应力波频率高，波长短，有利于提高对桩身小缺陷的分辨率，但在桩浅部不能满足一维弹性杆件的平截面假定条件时，接收信号的波形会出现畸变。

（三）现场检测技术

1. 准备工作

（1）现场踏勘及资料收集

在接受检测任务后，检测人员应首先了解场地的地质条件、建筑物的类型、桩型、桩设计参数、成桩工艺、施工记录及相关的资料，然后根据检测委托书，编制检测纲要。

（2）桩头处理

应根据相应的技术规范、标准的规定，并参考现场施工记录和基桩在工程中所起的作用来确定抽检数量及桩位。公路桥梁的钻孔灌注桩通常是每一根桩都要进行检测。对于受检桩，要求桩顶的混凝土质量、截面尺寸与桩身设计条件基本相同。对于桩头，应凿去浮浆或松散、破损部分，并露出坚硬的混凝土，外露主筋不宜太长。桩头表面应平整干净、无积水，并将传感器安装点和敲击点部位磨平。

（3）传感器的选择与安装

一般采用加速度传感器，因为它的频率响应范围比较宽、动态范围大、失真度小，能较好地反映桩身的反射信息。传感器用耦合剂黏结时，黏结层应尽可能薄。必要时，采用打孔安装方式，传感器底安装面应与桩顶混凝土面紧密接触，传感器的安装点宜在距桩中心 1/2 ～ 2/3 半径处。

激振点与传感器安装点应远离钢筋笼的主筋。测点数量视桩径大小而定，且距离桩的主筋不宜小于 50 mm。当桩径不大于 1000 mm 时，不宜少于 2 个测点；当桩径大于 1000 mm 时，不宜少于 4 个检测点。

对于混凝土预制桩，当边长不大于 600 mm 时，不宜少于 2 个测点；当边长大于 600 mm 时，不宜少于 3 个测点。

对于预应力管桩，不宜少于 2 个测点。

2. 仪器参数设置

（1）采样频率

每一通道的采样点数不应小于 1024 点，采样频率应满足采样定理：

$$f_s \geqslant 2f_m$$

式中：

f_s——采样频率（kHz）；

f_m——信号频率上限（kHz），在基桩检测中，通常取 $f_s = 3$ kHz。

在进行基桩检测时，通常在 0 ～ 2 kHz 范围已能满足要求。对不同的检测要求，可改变频率范围，如要测 3 ～ 5 m 内的浅部缺陷时，可将频率范围调整为 1 ～ 2 kHz，而要测桩底反射信号时，则又可将频率范围调整为 0 ～ 0.6 kHz。

（2）采样点数

一般每个通道的采样点数不少于 1024 点。采样时间（T），又称采样长度，是一次采样 N 个点数据所需的时间，可表示为 $T = N\Delta t$。采样间隔（Δt）是对信号进行离散采样时，每采一点所需的时间，$\Delta t = 1/f_s$。

这样，频率间隔（Δf）（频率域里两相邻数据的频率间隔）可表示为：

$$\Delta f = \frac{1}{T} = \frac{1}{N \cdot \Delta t}$$

由此可见，采样频率越高，采样间隔越小，时域分辨率越高，而频域分辨率越低；反之亦然。这是因为 Δt 与 Δf 互为倒数关系。

（3）适调放大器

放大增益要足够大，在屏幕上要有足够大的波形，以不限幅为原则。

3. 信号采集

①应根据桩径大小，在与桩心对称处布置 2～4 个测点。

②实测信号应能反映桩身的完整性特征，要有明显的桩底反射信号，每个测点记录的有效信号数不宜少于 3 个。

③不同测点及同一测点的多次实测时域信号一致性要好。否则，应分析原因，找出问题后进行重测。

④信号幅值要适度，波形应光滑，无毛刺、振荡出现，信号曲线最终应归零。

二、桩身完整性超声透射法检测

（一）特点与适用范围

超声透射法是指在预埋声测管的混凝土灌注桩中检测桩身完整性，判定桩身缺陷的程度及位置。它的特点是检测范围可覆盖全桩长的各个检测剖面，检测全面细致，信息量大，结果准确、可靠；现场操作不受场地、桩长、长径比的限制，操作简便，工作进度快。超声透射法以其鲜明的特点，成为混凝土灌注桩（尤其是大直径桩）桩身完整性检测的一个重要手段，在工业与民用建筑、水利、交通桥梁和港口等工程建设领域中得到了广泛应用。

《公路工程基桩检测技术规程》（JTG/T 3512—2020）中规定超声透射法适用于直径不小于 800 mm 混凝土灌注桩的完整性检测，包括跨孔透射法和单孔折射法。

（二）检测原理

应用超声透射法时，在灌注桩中预埋两根或两根以上的声测管作为检测通道，管中注满水作为耦合剂，将超声发射换能器和接收换能器置于声测管中，由超声仪激励发射换能器产生超声脉冲，向桩身混凝土中辐射传播。声波在混凝土中传播的过程中，当桩身混凝土介质存在阻抗差异时，将发生反射、绕射、折射和声波能量的吸收、衰减，经另一声测管中的接收换能器接收，并经超声波检测仪放大、显示、处理、存储，可在显示器上观察到接收超声波波形，判读出超声波穿越混凝土后的首波声时、波幅及接收波主频等声学参数，进而通过对桩身缺陷处的声学参数或波形变化的处理、分析来推断桩身混凝土是否存在缺陷。

1. 依据的基本物理量

①周期 T：相位相同的相邻波之间所经历的时间。

②频率 f：周期的倒数，单位为 Hz。混凝土超声波检测中使用的频率为 $20 \sim 200$ kHz。

③振幅 A：波动的幅度，表征波的强弱，以屏幕上波高度的毫米数、输出电压值或分贝值（dB）表示。

④波长 λ：声波波动一次所传播的距离。

⑤波速 v：波在单位时间传播的距离，单位为 m/s。

波长、频率、波速间的关系可用下列公式表示：

$$\lambda = \frac{v}{f}$$

2. 声波在介质界面的反射和折射

声波在传播过程中，由一种介质到达另一种介质时，在两种介质的分界面上会发生方向和能量的变化：一部分声波被反射回到原来的介质中，称为反射波；另一部分声波透过界面在另一种介质中继续传播，称为折射波。

反射系数与透射系数的大小取决于两种介质的声学特性，具体来说取决于介质的特性阻抗（Z）。特性阻抗表征介质的声学特性，其值为介质密度（ρ）和波速（v）的乘积，即 $Z = \rho v$。反射能量与折射能量之和等于入射能量，符合能量守恒定律。

当两种介质特性阻抗相等时，声波全部透过界面，无反射。当两种介质特性阻抗相差悬殊时，声波能量的绝大部分在界面处被反射，难以进入第二种介质。

目前，我国的超声波检测仪都采用专用的处理软件进行波速、声幅、功率谱密度（PSD）的计算，并可绘制出这些参数随深度变化的曲线图，以供检测人员分析、判断桩身存在缺陷的位置和范围，估算缺陷的尺寸等，并按规范的规定对基桩进行完整性分类。

（三）检测仪器设备

1.检测仪器设备分类

超声波检测仪器有两大类：一类是模拟式超声波检测仪，它所显示和分析的是模拟信号，其超声波幅值随时间的变化是连续的，这种信号称为时域信号。这类模拟式超声波检测仪在测试时需由人工操作，现场工作量大，工作效率低，容易出错，使用场所越来越少。另一类是数字式超声波检测仪，它通过信号采集器采集信号，然后将采集的模拟信号变为数字信号，由计算软件自动进行声时和波幅判读，既提高了检测精确度，又提高了效率，因而得到了广泛的应用。

2.声测管埋设要求

声测管应选择透声性好、便于安装和费用较低的材料，考虑到混凝土的水化热作用及施工过程中受外力作用较大，容易使声测管变形、断裂，影响换能器上、下管道的畅通，以选用强度较高的金属管为宜。

①声测管内径宜为 $50 \sim 60$ mm。

②声测管应下端封闭、上端加盖、管内无异物。声测管连接处应光滑，管口应高出桩顶 100 mm 以上，且各声测管管口高度应一致。

③应采取适宜方法固定声测管，使之成桩后相互平行。

④声测管埋设数量与桩径大小有关：当桩径 $D \leqslant 800$ mm 时，埋设 2 根；当 800 mm $< D \leqslant 2000$ mm 时，不少于 3 根管；当 $D > 2000$ mm 时，不少于 4 根管。声测管应沿桩截面外侧呈对称形状布置，按顺时针旋转依次编号。

（四）现场检测技术

1.准备工作

受检桩的混凝土龄期，原则上应达到 28 d，并要满足休止期的要求；若工期要求急，则可适当缩短时间（约 14 d），但混凝土强度不应小于 15 MPa。

检测前的准备工作具体如下：

①用大于换能器直径的圆钢疏通，以保证换能器在声测管全程范围内升降顺畅，然后用清水清洗声测管；

②准确测量声测管的内、外径与声测管外壁间的净距离；

③采用标定法确定仪器系统的延迟时间；

④计算声测管及耦合水层的声时修正值。

2.检测方法

超声波透射法检测混凝土灌注桩分为桩内单孔透射法和跨孔透射法两种。单孔透射法在桩身只有一个通道的情况下使用，如钻孔取芯后需要了解孔芯周围的混凝土质量情况时，它可作为钻芯检测的补充手段使用。这时采用"一发两收"一体型换能器放于一个钻芯孔中，超声波从发送换能器经水耦合进入孔壁混凝土表层滑行，再经水耦合到达接收换能器，从而测出超声波沿孔壁混凝土传播的各项声学参数。单孔透射法中的超声波传播途径比跨孔透射法复杂得多，信号分析难度大，且有效检测范围仅约一个波长，故此法不常采用。

跨孔透射法的原理是在桩内预埋两根或两根以上的声测管，把发射换能器和接收换能器分别置于两根管中。跨孔透射法的测试系统由超声仪、换能器、位移量测系统（深度记录、三脚架、井口滑轮）、传输电缆等组成。其中，超声波检测仪和径向换能器组成超声波脉冲测量部分。

3.检测过程

将发射接收换能器放入桩内声测管中同一深度测点处。超声波检测仪通过发射换能器发射超声波，经桩身混凝土传播，在另一声测管中的接收换能器接收到超声波，经电缆传输给超声波检测仪，实时高速记录、显示接收波形，并判读声学参数。换能器在桩内移动过程中的位置，也可以由位移测量系统实时传输给超声波检测仪。当换能器到达预定位置时，超声波检测仪自动存储该测点的波形及声学参数，从而实现换能器在桩身声测管内移动过程中自动记录、存储各测点声学参数及波形的目的。将从全桩各个检测剖面检测出的桩身声学参数（声时、幅值和主频等），按照规范编制软件进行数据处理后，可绘制出基桩质量分析的成果图。

在现场测试过程中，应保持发射电压与仪器设置参数不变，以使同一次测得的声学参数具有可比性。

4.检测方式

超声透射法的检测方式可分为对测、斜测和扇形测 3 种。

①对测（普查）。让发射换能器和接收换能器分别置于两声测管的同一高度，自下而上将接收、发射换能器以相同步长（不大于 250 mm）向上提升，进行水平检测。若平测后存在桩身质量的可疑点，则应进行加密平测，以确定异常部位的纵向范围。

②斜测。让接收、发射换能器保持一定的高程差，在声测管中以相同步长同

步升降进行测试。斜测分单向斜测和交叉斜测两种。斜测时，接收、发射换能器中心连线与水平方向的夹角一般取 30° ～ 40°。斜测可探测出局部缺陷、缩径或专测管附着泥团、层状缺陷等。

③扇形测。扇形测在桩项、桩底斜测范围受限或为减少换能器升降次数时采用。检测时，一只换能器固定在某一高程不动，另一只逐步移动，测线呈扇形分布。此时换算的波速可以相互比较，但幅值无可比性，只能根据相邻测点幅值的突变来判断是否有异常。

通过上述 3 种方法进行检测，结合波形进行综合分析，可查明桩身存在缺陷的性质和范围。当进行现场平测后，若发现其 PSD、声速、波幅明显超过临界值，接收频率、波形（或频谐）等物理量异常，为了找出缺陷所造成的声场阴影的范围，确定缺陷位置、范围大小和性质，则需要进行更详细的检测。

当采用双管对测时，各种缺陷的细测判断法的基本方法是将一个探头固定，使另一个探头上下移动，找出声场阴影所在边界的位置。在混凝土中，由于各种不均匀界面的漫射和低频波的绕射等因素的影响，阴影边界会十分模糊，但通过上述 3 种方法的综合运用仍可定出其范围。

在运用上述 3 种方法时，应注意排除声测管和耦合水声时值、管内混响、箍筋等因素的影响，且检测龄期应在 7 d 以上。

现场检测一般首先采用水平同步平测法：将接收、发射换能器置于两个声测管中，从管顶（或管底）开始，以一定间距向下（或向上）逐点进行水平对测，直到管底（或管顶）为止。为保证测点间声场可以覆盖而不致漏测，两测点间的距离可取 20 ～ 40 cm。超声波检测仪会对每一个测点进行自动步进式编号，从测点编号即可知道换能器的测试深度。一对声测管测完后，再转入下一对声测管进行测试，对全桩各个检测剖面进行检测，即可测出桩身声学参数（声时、幅值和主频等）供计算分析，从而判定桩身混凝土质量情况。

三、桩身完整性钻芯法检测

（一）目的与适用范围

1. 目的

①检测桩身混凝土的胶结状况，检测是否存在空洞、蜂窝、夹泥、断桩等缺陷，判定桩身完整性类别，从而分析研究产生质量问题的原因、程度及处理措施。

②检测混凝土灌注桩桩长，检验桩底沉淀土是否满足设计要求，鉴别桩底持力层的岩土性状和厚度是否符合设计或规范要求。

③通过对混凝土芯样进行力学试验，评定桩身混凝土的强度。

④对施工中出现异常或因质量问题采取处理措施后的桩，通过钻探取芯，检验其成桩质量及对工程的影响程度。

⑤对桩身存在缺陷的桩，利用钻孔进行压浆补强处理。

2. 适用范围

钻芯法是用于检测混凝土灌注桩成桩质量的一种有效方法，不受场地条件的限制，特别适用于大直径混凝土灌注桩的成桩质量检验。但钻芯孔的垂直度不容易控制，故要求受检桩的桩径不宜小于 800 mm，长径比不宜大于 30mm，且桩身混凝土强度等级不宜低于 C10。

（二）主要设备

《建筑基桩检测技术规范》（JGJ 106—2014）做了如下的规定。

①钻探取芯宜采用液压钻机。

②钻机应配备单动双管钻具及相应的孔口管、扩孔器、卡簧、扶正稳定器和可捞取松软渣样的钻具。钻杆顺直，直径宜为 50 mm。

③钻机应根据混凝土设计强度等级选用合适粒度的金刚石钻头，且外径不少于 100 mm。

④水泵的排水量应为 50 ～ 160 L/min，泵压应为 1.0 ～ 2.0 MPa。

⑤锯切芯样试验件用的锯切机应具有冷却系统和牢固夹紧芯样的装置，金刚石圆锯片应有足够刚度。芯样试件端面补平器和磨平机应满足芯样制作要求。

（三）钻探技术要求

钻探取芯应在混凝土浇筑 28 d 后进行；钻孔位置一般在桩的中心；抽芯深度为全桩长，并深入基岩 60 cm。钻头外径一般选用 101 mm 或 110 mm，以保证平稳牢固地安装钻机，精确地掌握施工工艺。一般要求钻孔垂直度偏差小于 1%，混凝土采样率在 95% 以上，以确保混凝土芯样的可靠性与真实性。

①钻芯孔数与孔位。具体要求如下。

一是桩径小于 1.2 m 的桩钻 1 孔，1.2 ～ 1.6 m 的桩钻 2 孔，大于 1.6 m 的桩钻 3 孔。对桩端持力层的钻探，每根受检桩不应少于 1 孔，且钻探深度应满足设计要求。

二是当钻芯孔为 1 个时，宜在距桩中心 10 ～ 15 cm 的位置钻孔；当钻芯孔为 2 个以上时，宜在距桩中心 0.15 D ～ 0.25 D 内均匀对称布置。

②钻机设备的安装必须周正、稳固，底座水平；钻机立轴中心、天轮中心与孔口中心必须在同一垂直线上。钻孔垂直度偏差不应大于 0.5%。在钻进过程中，钻孔内循环水不得中断，每次进尺控制在 1.5 m 内。钻至桩底时，测定沉淀土厚度，对桩端持力层岩土性状进行编录鉴别。提钻取芯时，严禁敲打卸取岩芯。

③钻取的芯样应自上而下按回次顺序放进芯样箱中，并对标有工程名称的芯样及其标示牌等进行全貌拍照。在钻进过程中，对混凝土芯样的描述应包括深度、混凝土芯样是否为柱状、完整性、胶结情况、表面光滑情况、断口吻合程度、骨料大小分布情况、气孔、蜂窝麻面、沟槽、破碎、夹泥、松散等情况。

④当单桩质量评价满足设计要求时，应采用 0.5 ～ 1.0 MPa 的压力，从钻芯孔孔底往上用水泥浆回灌封闭；否则应封存钻芯孔，留待处理。

（四）芯样试件的截取与加工

应科学、准确、客观地评价混凝土的实际质量，避免人为因素的影响，特别是混凝土强度；取样位置应标明其深度和高程。有缺陷部位的芯样强度应满足设计要求。

截取混凝土抗压芯样试件时应符合下列规定：当桩长为 10 ～ 30 m 时，每孔截取 3 组芯样；当桩长小于 10 m 时，取 2 组芯样；当桩长大于 30 m 时，芯样不小于 4 组。

钻芯技术的基本要求：桩两头的芯样位置距桩顶设计标高、桩底不宜大于桩径或 1 m，中间芯样宜等间距截取；同根桩孔数大于 1 孔或 1 孔某深度有缺陷时，其他孔应在同一深度取芯进行抗压强度试验。

持力层岩芯可制成芯样时，应在接近桩底部位取一组岩石芯样，每组芯样应制作三个芯样抗压试件。芯样试件的高度对抗压强度有较大的影响，为避免高度修正带来误差，应取试件高径比为 1（可在 0.95 ～ 1.05 的范围内），且芯样试件内不能含有钢筋，芯样侧面表观混凝土粗集料的粒径应小于芯样试件平均直径的 1/2。芯样端面的平整度和垂直度也应满足要求。

（五）抗压强度试验

一般情况下，桩的工作环境比较潮湿，故试验宜在潮湿状态下进行。芯样试件抗压强度试验应按下列公式进行计算。

$$f_{cu} = \frac{\xi \cdot 4P}{\pi d^2}$$

式中：

f_{cu}——混凝土芯样试件抗压强度（MPa）；

P——芯样试件抗压强度试验中测得的破坏载荷（N）；

d——芯样试件的平均直径（mm）；

ξ——混凝土芯样试件抗压强度折减系数，应考虑芯样的尺寸效应、钻芯机械对芯样的扰动和混凝土成型条件的影响，可通过试验统计确定，当无试验统计资源时，宜取 1.00。

桩底岩芯单轴抗压强度试验可参照《建筑地基基础设计规范》（GB 50007—2011）附录 J 执行。当判断桩底持力层岩性时，检测报告中只给出平均值即可。

（六）检测资料的分析与判定

①混凝土芯样试件抗压强度代表值应为一组三块试样强度的平均值。当同一受检桩同一深度部位有两组或两组以上混凝土芯样试件抗压强度代表值时，应取其平均值作为该桩该深度处混凝土芯样试件的抗压强度代表值。

②单桩混凝土芯样试件的抗压强度代表值是指该桩中不同深度位置处混凝土芯样试件抗压强度代表值中的最小值。

③桩底持力层岩土性状，应根据芯样特征，岩石芯样单轴抗压强度试验、动力触探或标准贯入试验的结果进行综合判定。

④因场地地层的复杂性和施工中的差异性，成桩后的差异较大。为保证工程质量，应按单桩进行桩身完整性和混凝土强度评价。

⑤成桩质量评价应结合钻芯孔数、现场混凝土芯样特征、芯样单轴抗压强度试验结果，按《建筑基桩检测技术规范》（JGJ 106—2014）中的有关规定进行综合判定。

当出现下列情况之一时，应判为该桩不满足设计要求：

①桩身完整性类别为Ⅳ类的桩；

②芯样试件抗压强度代表值小于混凝土设计强度等级的桩；

③桩长、桩底沉淀土的厚度不满足设计或规范要求的桩；

④桩端持力层岩土性状（强度）或厚度未达到设计或规范要求的桩。

第四节 基桩承载力检测

一、基桩承载力检测项目与时间

（一）检测项目

基桩检测可分为施工前为设计提供依据的试验桩检测和施工后为验收提供依据的工程桩检测。应根据检测目的、检测方法的适应性、成桩工艺等选择合适的检测方法进行检测。

基桩检测主要包括基桩承载力检测和桩身完整性检测。其中，基桩承载力检测又分为单桩竖向抗压承载力检测、竖向抗拔承载力检测、水平承载力检测3种；桩身完整性检测主要是对桩身的完整性进行检测，主要方法有低应变法、高应变法、声波法和钻芯法。

基桩承载力检测是规范中以强制性条文的形式规定的，而混凝土桩的桩身完整性检测是质量检验标准中的主控项目。因基桩的预期使用功能要通过单桩承载力实现，完整性检测的目的是发现某些可能影响单桩承载力的缺陷，最终仍是为减少安全隐患、可靠判定基桩承载力服务。所以，在对基桩质量进行检测时，承载力和完整性两项内容密不可分，但不能互相替代。

（二）检测开始时间

基桩检测开始时间应符合下列规定。

①当采用低应变法或声波透射法检测时，受检桩混凝土强度至少要达到设计强度的70%，且不小于15 MPa。

②当采用钻芯法检测时，受检桩的混凝土龄期应达到28 d或预留同条件养护试块强度应达到设计强度。

③承载力检测前的休止时间除应满足上述第②条的规定外，在无成熟的地区经验时，还应不少于规定的时间，如表4-3所示。

表4-3 休止时间

土的类别		休止时间 /d
砂土		7
粉土		10
黏性土	非饱和	15
	饱和	25

注：对于泥浆护壁灌注桩，宜适当延长休止时间。

混凝土是一种与龄期相关的材料，其强度随时间的增加而增大。在最初几天内强度快速增加，随后逐渐变缓，其物理力学、声学参数变化趋势也大体如此。

桩基工程受季节气候、周边环境或施工时间紧的影响，往往不允许等到全部基桩施工完并都达到 28d 龄期强度后再开始检测。为做到信息化施工，尽早发现桩的施工质量问题并及时处理，对混凝土强度的要求可适当放宽。但如果混凝土龄期过短或强度过低，应力波或声波在其中的传播衰减就会加剧；或同一场地由于桩的龄期相差大，声速的变异性就会增大。

因此，对于用低应变法和声波透射法进行的检测，规定桩身混凝土强度应大于设计强度的 70%，并不得低于 15 MPa。

二、检测前的准备工作

（一）调查、收集资料

检测单位接受委托后，首先要调查并收集有关资料，主要包括以下内容。

①收集被检测工程的概况、岩土工程勘察资料、施工记录等信息；了解施工工艺和施工中出现的异常情况。

②进一步明确委托方的具体要求。

③确定检测桩位、检测项目现场实施的可行性。

为了正确地对基桩质量进行检测和评价，提高基桩检测工作的质量，做到有的放矢，应尽可能详细地了解和收集有关的技术资料，并按不同桩型填写受检桩设计施工资料表。同时还应了解和收集工程的基本情况，填写好工程概况表。

另外，有时委托方的介绍和提出的要求是笼统的、非技术性的，也需要通过调查来进一步明确委托方的具体要求和现场实施的可行性，通常需要检测技术人员到现场了解和收集信息。

（二）制订检测方案

在明确了检测目的并获得相关技术资料后，应着手制订基桩检测方案，以向委托方书面陈述检测工作的形式、方法、依据标准和技术保证。

方案的主要内容包括工程概况、抽样方案、所需的机械或人工配合、桩头的加固处理、检测周期等，必要时可针对检测方案中的细节与委托方或设计方共同研究确定。其中，桩头的加固一般由检测部门出具加固图纸，而委托方负责施工处理。

检测方案并非一成不变，需根据实际情况进行动态调整。因为在方案执行过程中，一些不可预知的原因，如委托要求变化、现场检测尚未全部完成就已发现质量问题且需进一步排查等，都可能使原检测方案中的抽检数量、受检桩和检测方法发生改变。

（三）检查仪器设备

在检测前，应根据不同的检测目的准备配套、合理的试验设备，如承载力检测中的千斤顶、压力表、压力传感器或油压传感器、位移计，以及完整性检测中的加速度（或速度）传感器和数据采集系统等。要选择具有足够精度和量程的仪器设备，并且要确保所选的仪器使用安全。

在检测前，应对使用的仪器设备进行检查调试。检测用计量器具必须在计量检定周期的有效期内，以保证基桩检测数据的准确可靠性和可追溯性，如承载力检测中的压力表、油压（压力）传感器、百分表、应变传感器、速度计、加速度计等必须有有效的计量证书。

虽然计量器具在有效计量检定周期之内，但由于基桩检测工作的环境较差，使用期间仍可能会因使用不当或环境恶劣等造成计量器具受损或计量参数发生变化。因此，检测前还应加强对计量器具、配套设备的检查或模拟测试，有条件时还可建立校准装置进行自校，发现问题后应重新检定。

（四）现场准备

为了高效、安全地完成检测工作，获得准确可靠的试验数据，检测单位应在检测方案中向委托方提出现场检测前的准备工作要求，而委托方应严格按照要求做好检测前的准备工作。准备工作包括场地的平整、通车能力、桩头的处理等。对于静载试验，堆载范围内场地应平整；在进行高应变检测时，场地应能通行一定吨位的汽车式起重机；检测前混凝土灌注桩桩头应加桩帽、预制桩桩头应加钢箍等。

三、基桩承载力检测现场实施

（一）现场操作

①锤击装置的安设。为了减少可能出现的锤击偏心现象和避免击碎桩头，锤击装置应垂直，锤击应平稳对准。这些措施对保证测试信号质量很重要。对于自制的自由落锤装置，锤架底盘与其下的地基土应有足够的接触面积，以确保锤架承重后不会发生倾斜以及锤体反弹对导向装置的横向撞击不会使锤架倾覆。

②传感器安装。为了减少锤击在桩顶产生的应力集中和对锤击偏心进行补偿，应在距桩顶规定的距离内的合适部位对称安装传感器。检测时至少应对称安装冲击力和冲击响应（质点运动速度）测量传感器各两个，传感器安装见各规范要求。

③桩垫或锤垫。对于自制的自由落锤装置，桩头顶部应设置桩垫。桩垫可采用 10 ～ 30 mm 厚的木板或胶合板等材料，并在桩垫上铺一层薄砂找平。

（二）参数设置

①采样间隔。采样时间间隔宜为 50 ～ 200 μs，信号采样点数不宜少于 1024 点。采样时间间隔为 100 μs，对常见的工业与民用建筑的桩是合适的。但对超长桩，如桩长超过 60 m 的桩，采样时间间隔可放宽至 200 μs，当然也可增加采样点数。

②传感器参数。传感器的设定值应按计量检定结果设定。

应变式力传感器直接测得的是其安装面上的应变，按下式换算成冲击力：

$$F = EA\varepsilon$$

式中：

F——锤击力（kN）；

A——测点处桩截面面积（m^2）；

E——桩材弹性模量（kN/m^2）；

ε——实测应变值。

显然，锤击力的正确换算依赖于测点处设定的桩参数是否符合实际。另外，计算测点以下原桩身的阻抗变化，是以测点处桩头单元为相对"基准"的。

③加速度计的参数设定。当采用自由落锤安装加速度传感器的方式测力时，力的设定值由加速度传感器设定值与重锤质量的乘积确定。例如，自由落锤的质量为 10 t，加速度计的灵敏度为 2.5 mV/g（g 为重力加速度，其值等于 9.8 m/s^2），则力的设定值为 39200 kN/V。

（三）贯入度测量

测量贯入度的方法较多，可视现场具体条件选择。

①采用类似单桩静载试验架设基准梁的方式测量，准确度较高，但现场工作量大。特别是重锤对桩的冲击使桩周土产生振动，使受检桩附近架设的基准梁受影响，导致桩的贯入度测量结果可靠度下降。

②预制桩锤击沉桩时利用锤击设备导架的某一标记作为基准,根据一阵锤(如10锤)的总下沉量确定平均贯入度,简便但准确度不高。

③将采用加速度信号二次积分的方式得到的最终位移作为实测贯入度,操作最为简便。但加速度计零漂大和低频响应差(时间常数小)时将产生明显的积分漂移,且零漂小的加速度计价格很高。另外,因信号采集时段短,信号采集结束时若桩的运动尚未停止(以柴油锤打桩时为甚),则不能采用。

④精密水准仪受环境振动影响小,观测准确度相对较高。所以,对贯入度测量精度要求较高时,宜采用精密水准仪等光学仪器测定。

第五章　桥梁技术状况评定

桥梁在长时间运营中会受到自然、车辆、人为等因素的综合作用，使用状况会变差。通过技术状况评定和动静载试验判定服役期较长的城市桥梁的实际状况是非常有必要的。技术状况评定可以直观地了解桥梁结构的运营状态。本章分为桥梁基本知识、桥梁检查、桥梁技术状况评定三部分，主要内容包括桥面构造、桥梁基础、桥梁色彩、桥梁材料、桥梁检查的基本概念等方面。

第一节　桥梁基本知识

一、桥面构造

公路、铁路桥梁的桥面构造是指直接与车辆、行人接触的部分，它直接承受轮载的作用，对桥梁的承重结构，以及桥上的车辆、行人起到保护作用，并满足桥梁的使用、养修和美观要求。

公路桥面构造包括桥面铺装、排水防水系统、人行道（或安全带）、路缘石、栏杆、灯柱、安全护栏和伸缩装置等。

干线铁路桥面构造通常包括钢轨、护轨、桥枕、道砟、挡砟墙、泄水管、人行道、栏杆和钢轨伸缩调节器等。铺设道砟的桥面称为道砟桥面，多采用预制混凝土桥枕；常用的钢板梁桥和钢桁梁桥的桥面则通常不铺道砟，而是将桥枕（木枕）直接铺在主梁上或桥面系上，称为明桥面。

木枕的自重轻，同时具有较好的弹性，尺寸通常为 20 cm × 24 cm × 300 cm（宽 × 高 × 长）。将木枕（枕下刻槽）搁置于主梁上，用钩螺栓与主梁上翼缘扣紧，以免行车时跳动。枕间净距不宜超过 21 cm，这是为了保证当列车在桥上发生脱机时，车轮不会卡于两枕之间，还能在枕上继续滚动。正轨提供了列车正常运行的轨道，除正轨外，还设有护轨。护轨两端应延伸到桥台以外一段距离，并弯向轨道中心。护轨的作用就是当列车发生脱轨后，用以控制车轮前进的方向，避免发生翻车事故。在木枕两端设有护木，用螺栓与木枕连牢，护木的作用是固定木枕之间的相对位置。一旦车轮脱轨并越出护轨后，护木还可以起到第二道护轨的作用。

我国高速铁路桥梁多采用双线整体桥面。桥面由轨道基础结构（道床）和桥面附属构造共同组成。道床分有砟和无砟两种，桥面也因此分为有砟桥面和无砟桥面。桥面附属构造主要包括人行道（用于检修）及栏杆、防排水体系、轨枕或轨道板、挡砟墙或防撞墙、电缆槽、接触网支柱等。特殊情况下，桥梁上还需设置声屏障或风屏障。

道床是高速铁路轨道系统的重要组成部分。无砟道床也叫整体道床，其基本构造是：将预制轨道板通过水泥沥青砂浆调整层，铺设在现场浇筑的钢筋混凝土底座上。

（一）桥面铺装

1.桥面铺装分类

公路桥面铺装（也称行车道铺装，或称桥面保护层）应设置在桥梁的行车道范围内，它是直接与车轮相接触的桥面构造。桥面铺装的功能在于：防止车辆轮胎直接磨耗属于承重结构的行车道板（主梁上翼缘），保护主梁免受雨水侵蚀，并对车辆轮重的集中荷载起到一定的扩散作用。因此，对桥面铺装材料及构造，要求有一定的强度，不易开裂，并耐磨。

公路桥面铺装有多种形式，如水泥混凝土（包括纤维混凝土）、沥青混凝土、沥青表面处治和泥结碎石等。水泥混凝土和沥青混凝土桥面铺装能满足各项要求，使用较为广泛。水泥混凝土铺装的造价低，耐磨性能好，适合重载交通，但养生期长，日后修补比较麻烦。沥青混凝土铺装重量较轻，维修养护方便，通车速度快，但易老化和变形。沥青表面处治和泥结碎石桥面铺装耐久性较差，仅在低等级的公路桥梁上使用。

（1）混凝土桥的桥面铺装

在混凝土桥和钢混结合梁桥中，承担行车道板作用的桥面受力结构（桥面板）通常为钢筋混凝土或预应力混凝土结构。这种情况下桥面铺装主要采用水泥混凝土铺装，沥青混凝土铺装，或混合型混凝土铺装。

水泥混凝土铺装的厚度（不含调平层）不宜小于 80 mm，混凝土强度等级不宜小于 C40。为使铺装层具有足够的强度和良好的整体性，应配置直径 8 ~ 12

mm、间距 100 ～ 150 mm 的方形钢筋网。混凝土桥面板上应预埋竖向锚固钢筋，方便钢筋网的定位，保障铺装层混凝土与桥面板的良好结合。根据需要，还可在混凝土中加入钢纤维（或聚丙烯纤维），形成纤维混凝土铺装。纤维的加入可进一步提高铺装层的耐磨性和抗裂性。

通常，桥面铺装不作为承重结构考虑，若能确保铺装层与行车道板紧密结合，则一定厚度的水泥混凝土铺装层还可以计入行车道板的厚度内，并使其与行车道板共同受力。

沥青混凝土铺装一般由防水（黏结）层、保护层及磨耗层组成，适用于高等级公路桥梁、特大桥和大桥。多数的沥青混凝土铺装采用双层式构造（也可设置成单层式或三层式）。上层（磨耗层）一般采用 30 ～ 40 mm 厚的细粒式或中粒式沥青混凝土，下层（保护层）一般采用 40 ～ 70 mm 厚的中粒式沥青混凝土。

混合型混凝土铺装是指面层采用沥青混凝土、底层采用水泥混凝土的组合形式。在底层水泥混凝土中，可根据需要设置钢筋网。沥青混凝土面层以及水泥混凝土底层的厚度和材料，可参考相应的铺装层构造进行设计。

混凝土桥面的铺装形式宜与桥梁所在的公路路面相协调，应符合现行行业标准《公路沥青路面设计规范》（JTG D50—2017）和《公路水泥混凝土路面设计规范》（JTG D40—2011）的有关规定。

（2）钢桥的桥面铺装

钢桥的桥面铺装一般采用构造较复杂的沥青混凝土体系。考虑到钢桥桥面的防腐及钢与沥青混凝土的黏结，将沥青混凝土铺装用于钢桥桥面时，铺装材料及构造应根据桥梁结构受力状态、桥面板构造、当地气象与环境条件、铺装材料性能等因素综合确定。

典型的沥青混凝土体系包括高温拌和式沥青混凝土、沥青玛蹄脂混合料、改性沥青 SMA（沥青玛蹄脂碎石混合料）、环氧树脂沥青等几类。钢桥桥面沥青铺装层厚度一般为 40 ～ 100 mm。

在铁路桥梁中，列车车轮直接与钢轨接触，通过轨枕、道床将载荷传递到梁顶，因而仅在梁顶设置防水铺装层和保护层即可。

2. 桥面铺装常见病害与成因

桥面铺装的常见病害包括如下几种情况：

①网裂或龟裂：桥面产生交错裂缝，裂缝把桥面分割成网状的碎块。

②碎裂或破碎：桥面出现成片裂缝，缝间路面已裂成碎块。

③横裂：与桥面道路中线大致垂直的裂缝，有时伴有少量支缝。

④纵裂：与桥面道路中线大致平行的长直裂缝，有时伴有少量支缝。

⑤波浪及车辙：桥表面有规则的纵向起伏或局部隆起及沿轮迹处的路表凹陷。

⑥坑槽：桥面材料散失后形成凹坑，但没有贯穿桥面。

⑦洞穴：桥面开裂或破损形成贯穿桥面的洞穴。

对于沥青铺装层，龟裂、碎裂、横裂、纵裂等病害的主要成因是施工不当、基层的裂缝反射。波浪及车辙为铺装层的各层在汽车荷载重复作用下进一步压实和沥青层中材料发生侧向位移而形成的永久变形。热稳定性差的面层材料，侧移下沉现象严重，车辙现象明显。坑槽、洞穴等病害的主要成因是面层混合材料不良，如石料抗磨耗性能不好、石料与沥青的黏附力不良、碾压不足等。

对于水泥混凝土铺装层，表面龟裂主要成因是局部水泥浆过多、养护不及时。当温度应力和荷载应力超过混凝土的抗拉强度时，水泥混凝土桥面板就会产生裂断。铺装的裂断有在施工期间因混凝土的初期收缩受到阻碍而产生的拉应力超过了混凝土的抗拉强度而引起的横向裂缝，也有因板块尺寸过大所产生的温度翘曲应力超过了混凝土的抗弯强度而引起的横向裂缝。由于受薄弱部位开裂、连续桥面处钢筋失效、墩台不均匀沉降及车辆冲击等因素的影响，变形缝附近可能会出现断续裂缝。同时，由于受骨料质量不良、混凝土中水泥含量少、车辆磨损等因素的影响，桥面板也会存在表面起砂、坑槽、洞穴、平整度不良等缺陷。

3. 桥面纵、横坡

桥面上设置纵坡，一方面是桥梁立面布置所需，另一方面则有利于排水，保证行车安全。在平原地区的通航河流上建桥时，为满足桥下通航要求，需要抬高通航孔的桥面高程；在两岸，则需要将桥面尽快降至地面，以减少桥头引道土方量，缩短桥长，从而节省工程费用。这样，就形成了纵坡。桥面的纵坡，一般都做成双向纵坡，并通常在桥中心（或主跨内）设置竖曲线。

公路桥面横坡有两种：一是双向横坡（又称为人字形横坡），它可起到汇水和排水的作用，能够防止或减少雨水对铺装层的渗透；二是单向横坡，它可实现曲线段桥面上的横向超高设置。另外，人行道上也需要设置坡度为 1.0% ~ 1.5% 的单向横坡。对于公路桥面的横坡，坡度一般为 1.5% ~ 3%。对双向横坡，通常有 3 种设置方式。

第一，对于板桥（矩形板或空心板）或就地浇筑的肋板式梁桥，为节省铺装材料并减轻桥面恒载重力，可以将横坡直接设在墩台顶部，或通过调整支承垫石高度来形成横坡，而使桥梁上部结构形成双向倾斜，此时，铺装层在整个桥宽上是等厚的。

第二，在装配式肋板式梁桥中，为使主梁构造简单、架设和拼装方便，通常将横坡直接设在行车道板上。先铺设一层厚度变化的混凝土三角形垫层，形成双向倾斜，再铺设等厚的混凝土铺装层。

第三，对宽度较大的桥梁，用三角垫层设置横坡将使混凝土用量或桥面二期恒载重力增加太多。为此，可将行车道板做成倾斜面而形成横坡。

对于干线铁路桥，桥面宽度有限，一般是在道砟槽板顶部铺设防水层和保护层，并形成单向或双向的排水横坡。对于高速铁路桥梁，则需根据梁体构造、道床类型、线路股数等，并结合泄水管布设，采用人字坡或 V 字坡等排水横坡方式。

另外，由于铁路桥梁的纵坡小而不利用汇水排水，故除设置排水横坡外，还应根据需要在纵向泄水管之间设置 0.3% 左右的汇水纵坡，形成双向汇水面。

（二）防排水系统

1. 桥面防水

对于混凝土桥面板，如果侵蚀物质（如雨水）进入混凝土内部，会导致钢筋锈蚀，进而降低混凝土桥面板的使用寿命；为提高结构的耐久性，通常需要在桥面板的顶面设置专门的防水层或涂刷防水剂等。对于钢桥面板，由于钢材本身更容易产生锈蚀，钢桥面板与桥面铺装层之间更需要设置专门的防腐和防水层。

我国早期桥梁设计中对混凝土桥面防水没有严格要求，只是建议根据桥址处的气温和雨量、桥梁结构、桥面铺装形式等具体情况来确定是否需要设置桥面防水层。随着对结构耐久性问题的日益重视，现行桥梁设计规范要求桥面铺装应设防水层。

常规的桥面防水层一般设置在桥梁行车道板的顶面，三角垫层（或调平层）之上，铺装面层之下，其作用是将透过桥面铺装层渗下的雨水汇集到排水设备（泄水管）排出。防水层要求不透水，有较高的强度、弹性和韧性，耐高温、低温、腐蚀和老化，与沥青混凝土和水泥混凝土的亲和性好，施工安全、简便、快速。

公路桥面常用的贴式防水层主要由两层防水卷材（如油毛毡）和三层黏结材（沥青胶砂）相间组合而成，一般厚 1 ~ 2 cm。其他的防水措施有在三角垫层上设防水涂层（柔性防水层），或在铺装层上加铺一层沥青混凝土，或直接用防水混凝土作为铺装层。

防水层在桥面伸缩缝处应连续铺设，不可切断；沿纵向应铺过桥台背，沿横向则应伸过缘石底面从人行道与缘石砌缝里向上叠起 10 cm。对用砌体材料建造的拱桥，桥台背面及拱桥拱圈与填料间应设置防水层，并设盲沟排水。

在铁路桥梁上，现多采用由氯化聚乙烯防水卷材和聚氨酯防水涂料共同构成的防水层。以铁路混凝土桥面 TQF-I 型防水层结构为例，其防水层从底到顶的构成为：桥面基层处理—防水涂料—防水卷材—防水涂料—防水卷材—保护层（厚度不小于 40～60 mm 的 C40 纤维混凝土，其上设排水坡）。除此之外，也可采用高聚物改性沥青型防水层，它由基层处理剂和两层高聚物改性沥青卷材（热熔）构成，可用于高速铁路无砟桥面防护墙内和有砟桥面道砟槽内的防水。

2. 桥面排水系统

为了保障桥面行车畅通、安全，应迅速排除桥面上的积水，防止桥面结构受降水侵蚀。降水渗入梁体会引起腐蚀而影响桥梁结构的耐久性、稳固性，为确保城市桥梁的正常使用，应设置完善的桥面防水和排水设施。

桥面排水设施的缺陷，对桥梁的结构安全影响较大，会使降水积滞于桥面上，容易引起车辆滑移，造成交通事故；排水槽和盖等的破坏，也会造成运输事故的发生。桥面积滞水会向桥下溅水，严重影响附近的民宅和过往的行人。导水设施也会对环境造成较大的影响。

（1）排水系统的分类

为防止雨水积滞于桥面并渗入梁体而影响桥的耐久性，除在桥面铺装内设置防水层外，还应使桥上的雨水被迅速引导排出桥外，为此需设计一个完整的排水系统。排水系统的设置应满足环保和安全的要求。

桥梁中使用的排水系统包括自然排水、泄水管排水和强制排水 3 种情况。

通常，当公路桥桥面纵坡大于 2%，而桥长小于 50 m 时，一般若能保证通过桥头引道自然排水，桥上就可不设泄水管。此时，可在引道两侧设置流水槽，以免雨水冲刷引道路基。

当桥面纵坡大于 2%，而桥长大于 50 m 时，除桥面纵横坡排水外，还需要设置泄水管排水。泄水管可沿行车道两侧左右对称排列，也可交错排列，一般每隔 12～15 m 设置一个；当桥面纵坡小于 2% 时，泄水管就需要设置更密一些，一般每隔 6～8 m 设置一个。通常，每平方米的桥面宜设置过水面积为 300 mm² 左右的泄水管。在高速公路和一级公路中，一般采用直径 150 mm 的泄水管，间距为 4～5 m。

在城市地道桥中,桥梁路面的纵向曲线处于竖曲线的凹点,雨水从地道桥的两头向桥梁中点汇集。如果雨水汇流较多,或自然排水受制,就需要设置专门的雨水泵站,将汇集的雨水强制排到城市雨水管道中。

泄水管分为铸铁泄水管、PVC(聚氯乙烯)泄水管等不同形式。铸铁泄水管分竖向圆形管和横向矩形管。PVC泄水管是以聚氯乙烯为主要原料,经挤出或注塑成型的塑料制品,主要由管盖、预埋件和下接管组成。PVC管材的型号多样,种类齐全,具有防腐蚀、抗老化、耐候性好、便于运输安装等诸多优点。

泄水管的布置有以下几种形式:

①竖向布置,即通过泄水管直接排水到桥面以下。采用竖向排水时,泄水管应伸出结构物底面不小于30 mm。

②横向布置,即通过泄水管直接排水到桥面以外,这种方式也要求泄水管管口伸出构件最外侧不小于30 mm,以便滴水。横向布置的泄水管容易产生淤堵,影响排水效果,只适宜于小型桥梁。

③封闭式排水系统,即设置完整封闭的排水系统,将排水管道沿墩台接至地面排水系统。对于跨越城市道路、公路、铁路及通航河流的桥梁,为避免桥面排水对桥下交通环境的影响,尤须如此。

(2)排水设施的养护

排水设施日常养护主要包括以下内容:

第一,桥面纵、横坡应完好,桥面泄水孔应完好、畅通、有效,可以迅速排除桥面上的雨水,避免桥面水流沿梁侧流泄。

第二,桥面铺装防水层应有良好的使用性能,可以防止降水渗入梁体引起腐蚀而影响桥梁结构的耐久性、稳固性。

第三,在每年雨季前应对桥面泄水管、排水槽进行全面检查疏通,经常疏通排水管,及时清除管内的淤泥和杂物,确保排水通畅;跨河桥梁泄水管下端露出不应少于10 cm,立交桥泄水管出口宜高出地面50~100 cm或直接接入雨水系统。

第四,对损坏的排水槽、泄水管等设施应及时进行修补或更换,避免降水积滞于桥面上而造成交通事故。

第五,对损坏的导水设施支撑构件应及时进行维修,防止由于支撑构件的损坏而影响排水。

第六,排水设施和导水设施之间的连接应可靠,要确保排水系统整体的工作性能。

第七,立交桥除泄水管排水外,其他地方不得往桥下排水,冬季北方立交桥不得有冰凌悬挂。

（3）桥面排水的修理

对损坏的泄水管要及时进行修补，接头不牢已掉落的要重新安装接上，损坏严重的要予以更换；对破裂的引水槽要重新进行修理，长度不足时予以接长；当槽口太小，不能满足排水需要时要扩大槽口重新修筑；对损坏的导水设施支撑构件进行维修处理；对排水管焊接处的裂缝进行焊接修理，对锈蚀、破损严重处予以更换处理。

（三）桥梁伸缩装置

1. 伸缩装置的要求

桥跨结构在气温变化、活载作用、混凝土收缩和徐变等影响下将会发生伸缩变形。为满足结构按照设计的计算图式变形，同时桥面又能保证车辆平顺通过，就要在相邻两梁端之间，或梁端与桥台之间，或梁的铰接位置处（这些位置的结构间的间隙称为伸缩缝）设置伸缩装置。简而言之，伸缩缝是指为适应材料胀缩变形对结构的影响而在桥跨结构的两端设置的间隙；伸缩装置是指为使车辆平稳通过桥面并满足桥面变形的需要而在伸缩缝处设置的各种装置的总称。

伸缩装置的构造应满足下列要求：

①在平行、垂直于桥梁轴线的两个方向，均能自由伸缩；

②装置本身及装置与结构的连接应牢固可靠；

③车辆驶过时应平顺、无突跳与噪声；

④可防止雨水和垃圾泥土渗入阻塞；

⑤安装、检查、养护、清污均简易方便。

需要强调的是，在设置伸缩装置处，栏杆、路缘石与桥面铺装都需要断开。

2. 伸缩装置的作用

桥面伸缩装置，主要作用是适应梁端的自由伸缩、转角变形及保证车辆的平稳通过。伸缩装置应根据桥梁长度、结构形式采用经久耐用、防渗、防滑等性能良好，且易于清洁、检修更换的材料和构造形式。材料及其成品的技术要求应符合国家现行相关标准的规定。在多跨简支梁间，可采用连续桥面。连续桥面的长度不宜大于 100 m，连续桥面的构造应完善、牢固和耐用。对变形量较大的桥面伸缩缝，宜采用梳齿板式或模数式伸缩装置。伸缩装置应与梁端牢固锚固。城市快速路、主干路桥梁不得采用浅埋的伸缩装置。

伸缩装置是桥梁的薄弱位置，因为微小的不平整就会使它承受较大的冲击作用，因此常常遭到损坏（主要表现为接缝处出现错台从而导致桥面破坏和跳车，影响行车的平稳性和舒适性）而需要养护、更换。造成伸缩装置普遍破损的原因，除了交通流量增大、重型车辆增多（冲击作用明显增大）外，设计、施工和养护方面的失误也不容忽视。因此，对伸缩装置的设计和构造处理绝不能简单行事。

3.伸缩装置主要类型

公路桥梁的伸缩装置种类繁多，并在不断改进。依据伸缩方式及构造特点的不同，我们把伸缩装置分为五类，即对接式伸缩装置、钢制支承式伸缩装置、板式橡胶伸缩装置、模数支承式伸缩装置、无缝式伸缩装置（含桥面连续构造）。

（1）对接式伸缩装置

对接式伸缩装置包括填塞对接型和嵌固对接型。填塞对接型，即以沥青、木板、麻絮、橡胶等材料填塞缝隙的一种构造（在任何状态下，都处于压缩状态）。该类伸缩装置一般用于伸缩量在 40 mm 以下的低等级公路桥梁上，但容易破损失效，目前已少用。嵌固对接型，即采用不同形状的钢构件将不同形状的橡胶条（带）嵌固，以橡胶条（带）的拉压变形来适应梁体伸缩要求的一种构造。该类伸缩装置被广泛应用于伸缩量在 80 mm 及以下的桥梁中。

（2）钢制支承式伸缩装置

钢制支承式伸缩装置包括钢板叠合型和钢梳齿板型。

钢板叠合型伸缩装置是一种用于中小跨度桥梁的伸缩装置，伸缩量一般为 70 mm 以下。这种伸缩装置构造主要通过在伸缩缝端结构处预埋角钢，在角钢上设置一块跨缝钢盖板，其一端与角钢焊接固定，另一端则直接搭在另一侧的角钢上，利用上下叠合的钢构件间的滑动适应伸缩变形，利用跨缝钢板来直接承担车轮荷载。因容易受到冲击、振动影响，这种伸缩装置的钢板焊缝容易破坏，钢板容易发生变形而损坏、脱落。

钢梳齿板型伸缩装置采用一对钢制梳齿板组合而成。交错的梳齿部分通常设置在结构伸缩缝的一侧，而跨越断缝的部分仍维持完整的钢板，以便承受车轮荷载；为便于滑动，应在面层的梳齿钢板下面与结构层顶面敷设不锈钢板；为便于防水，应在梁体顶面设置橡胶防水层。

（3）板式橡胶伸缩装置

板式橡胶型伸缩装置是将橡胶材料与钢件组合，以橡胶的剪切变形来适应梁体伸缩要求，以桥面板缝隙支撑车轮荷载的一种构造。

在普通的板式橡胶伸缩装置中，需要在橡胶板内预埋加强钢板以提高橡胶的承载能力，适用于伸缩量小于 60 mm 的桥梁。如果在橡胶板下方设置一层梳齿式钢托板，就可以形成组合式橡胶伸缩装置。在这种伸缩装置中，伸缩体由橡胶板和钢托板共同构成，而钢托板可以更好地承担竖向车轮荷载，因此该伸缩装置可适用于伸缩量不大于 150 mm 的桥梁。

（4）模数支承式伸缩装置

模数支承式伸缩装置是主要在高等级、大跨度公路桥梁上采用的一种伸缩装置，其伸缩量大（可达 2000 mm），功能比较完善，但结构较为复杂。它的主要部分是由异型钢与橡胶条（各种截面形式）组成的犹如手风琴式的伸缩体，配上横梁、位移控制系统及弹簧支承系统。每个伸缩体的伸缩量为 60 ～ 100 mm。当需要伸缩量更大时，可以用两个以上的伸缩体，中间用若干根横桥向布置的中梁隔开。中梁支承在其下的顺桥向横梁上。为了保证伸缩时各中梁始终处于正确位置并做同步水平移动，应将中梁底部连接在连杆式或弹簧式的控制系统上。模数支承式伸缩装置的最大特点是橡胶伸缩体与钢件可定型生产，并可根据伸缩量需求进行模数组合设计。当伸缩体做成 60 mm、80 mm、100 mm 3 种型号时，视中梁根数不同，可以组合成宽度为 60 mm、80 mm、100 mm 倍数的各种伸缩装置。

（5）无缝式伸缩装置（含桥面连续构造）

无缝式伸缩装置是在伸缩缝处的桥面处填入专用弹塑性黏结材料，利用该材料的拉压变形来适应伸缩要求的一种构造。由于伸缩体与桥面铺装整体连续，外观上不存在伸缩装置的缝槽，故称之为无缝式或暗缝式伸缩装置。

该构造的基本工艺是：在梁端部的伸缩缝间隙中填入弹性材料并铺上防水材料，然后在桥面铺装层中铺筑一窄条的弹塑性黏结材料。该材料可以吸收温度和车辆荷载产生的结构位移，保证伸缩体不开裂损坏，适用于桥梁上部构造的小量伸缩变形和转动变形。主要特点是：行车平顺，不致产生冲击振动；在寒冷地区，易于机械化除雪养护；施工简便。TST 弹塑体（高分子聚合物与沥青混合，并添加防老化剂等多种配剂）与碎石填充型伸缩装置的构造，适用于伸缩量在 50 mm 以下的情况。

从桥面铺装连续的角度看，桥面连续构造也可视为无缝式伸缩装置的一种特殊形式。为提高行车舒适度，减少伸缩装置的数量和养护工作量，桥面连续构造在高等级公路的小跨径多孔简支梁（板）桥中被广泛采用。对于多孔（通常 3 ～ 5 孔）简支梁，应在相邻梁体间的梁缝处连续敷设桥面铺装层使该处的铺装层能释放梁体间的相对转角，形成类似铰缝的构造。这样，对于采用桥面连续构造的多孔简支梁，在竖向荷载作用下的受力状态可按简支体系考虑，而在纵向水平力作用下则按连续体系考虑。在实际工程中，桥面连续构造有多种形式。

131

4.伸缩装置常见病害

桥面伸缩缝由于设置在梁端部构造薄弱部位，直接承受车辆荷载的反复作用，又暴露在自然条件下，受到各种自然条件因素的影响，再加上设计、施工或养护不当等，经常会发生各种不同程度的缺陷，是易损坏和难修补的部位。

①螺帽松动：带螺栓的伸缩装置中原本紧固的螺帽产生松动。

②缝内沉积物阻塞：垃圾、泥土等杂物进入伸缩缝造成伸缩缝阻塞。

③接缝处铺装碎边：桥梁接缝处桥面边缘出现破碎损坏。

④接缝处高差：伸缩装置保护带与桥面存在高差。

⑤钢材料翘曲变形：伸缩缝内的钢材料构件产生不均匀应变而形成非正常的弯曲或扭曲变形。

⑥结构缝宽：伸缩缝在设计时预留的正常缝宽。

⑦伸缩缝处异常声响：伸缩缝结构在车辆经过时发出非正常声响。

（四）其他桥面构造

1.人行道与栏杆

（1）人行道

对位于城镇和近郊的公路桥梁以及城市桥梁，均应设置人行道。人行道是桥面构造中用于行人通行的部分，其一般设置在桥面的两侧，宽度由人行交通流量决定。单侧人行道的最小宽度一般为 1.0 m，大于 1.0 m 时宽度按 0.5 m 的倍数递增。为确保行人安全，人行道通常高于行车道 0.25 ~ 0.35 m。人行道与车行道衔接处通常设置与人行道等高的路缘石。在城市桥梁中，经常会借用人行道板下的空间布设管线（电力、通信、给水等）。

人行道板顶面一般铺设 20 mm 厚的水泥或沥青砂浆作为面层，也可镶砌彩色面砖，并做成 1% 左右的内倾排水横坡。

对于常规铁路桥梁，人行道主要供养护维修人员通行及临时堆放材料（道砟、枕木、钢轨等）使用。明桥面应在轨道中心铺设步行板，并根据养护需要设置单侧或双侧人行道。道砟桥面应设置双侧人行道。在挡砟墙内，预埋了供安装人行道钢支架使用的 U 形螺栓。人行道支架、栏杆、扶手多采用型钢，人行道板一般用钢筋混凝土制成。对于采用道砟桥面的箱梁桥，宜直接在整体桥面板上设置人行道。

高速铁路桥梁中的人行道为检修作业专门通道。人行道设置在桥面两侧，宽度不小于 0.8 m。为确保作业人员不受高速列车通行时带来的风压危害，要求人行通道栏杆内侧距线路中心线有一定的安全距离。人行道的大部分构件可采用C40混凝土制作。

（2）栏杆

栏杆是桥上保护行人安全的设施，要求坚固耐用；同时，栏杆又是表现桥梁美观的构造。传统上，栏杆的基本构成包括扶手、栏杆柱、横挡（或栏板）。扶手是承担行人倚靠的水平构件，栏杆柱承受和传递行人作用的水平荷载。横挡是实现遮挡功能的主要构件。随着栏杆形式的多样化发展，上述构件的功能区分已不十分清晰，它们通常相互融合以共同实现安全与美观功能。

在外观形式上，栏杆可分为节间式与连续式。节间式栏杆的构成如前所述，连续式栏杆无须栏杆柱，由连续的扶手、栏杆板及底座组成。节间式栏杆便于预制安装，能配合灯柱设计，但对跨度不等的桥，在划分上较为困难。连续式栏杆有规则的栏杆板，富有节奏感，较简洁明快。

建造栏杆的材料多样，可以采用混凝土、石材、木材、铸铁、不锈钢等材料，也可混合使用上述材料。栏杆的设计首先要考虑结构安全可靠，栏杆柱或栏杆底座要与桥面板结构牢固连接，同时也要考虑经济适用、美观大方、施工简单、互换方便。一般情况下，栏杆高度不应小于 1.1 m，栏杆柱的间距大致在 2.5 m 左右。

在桥面伸缩缝竖面内，人行道（包括路缘石、栏杆）必须断开，以避免与结构共同受力而遭到破坏。

2. 安全带与安全护栏

（1）安全带

安全带是指在不设人行道的低等级公路桥梁中，为保障交通安全，在行车道边缘沿桥纵向设置的高出行车道的带状构造物。安全带与栏杆一并设置。一般来说，安全带宽度不应小于 0.25 m，高度在 0.25 ～ 0.35 m。安全带可以做成混凝土预制块件或与桥面铺装层一起现浇。预制的安全带有矩形截面和肋板式截面两种，以矩形截面最为常用。现浇的安全带需每隔 2.5 ～ 3 m 做一断缝，以免参与主梁受力而被损坏。

（2）安全护栏

在桥梁上设置各种形式的安全护栏，可以在一定程度上防止和减轻交通事故对车辆和人员的伤害。对高速公路和干线一级公路上的桥梁，应设置路侧护栏及中央分隔带护栏；对二级公路和跨越深沟峡谷、江河湖泊的三、四级公路上的桥梁，应设置路侧护栏；对其他路段的桥梁，可视情况决定是否需要设置护栏。

护栏形式多种多样。按构造特征，桥梁安全护栏可分为（金属或混凝土）梁柱式护栏、钢筋混凝土墙式护栏和组合式护栏；按护栏碰撞变形性能，可分为刚性护栏、半刚性护栏和柔性护栏。钢筋混凝土墙式护栏为刚性护栏，它通过失控车辆碰撞后爬高并转向来吸收碰撞能量。波形梁护栏为半刚性护栏，它具有一定的强度和刚度，利用立柱和波形钢板的变形来吸收能量。缆索护栏是一种具有较大缓冲能力的柔性护栏结构，它由数根施加初拉力的缆索固定于端柱上而形成。桥梁上多用刚性护栏和半刚性护栏。

应根据护栏的防撞性能、受碰撞后的护栏变形程度、环境和景观要求、护栏的全寿命成本等综合考虑护栏形式。防撞性能是护栏选用的最关键指标。根据护栏的防撞性能差异，护栏的防撞性能可划分为不同的等级。目前我国公路桥梁路侧护栏由低到高分为 B、A、SB、SA、SS 五级，中央分隔带护栏由低到高分为 Am、SBm、SAm 三级。设计速度越快，车辆越出桥外造成二次交通事故的可能性越大，要求桥梁护栏的防撞等级也就越高。具体设计要求，可按《公路交通安全设施设计规范》（JTG D81—2017）、《公路交通安全设施设计细则》（JTG/T D81—2017）等文件办理。

3. 桥面照明

在城市内及城郊行人和车辆较多的桥梁上需要设置照明设备，一般采用灯柱在桥梁上实现照明。灯柱的设计需要考虑设置间距、照度要求、安全防护要求等，并与桥面安全可靠地锚固连接。灯柱及照明设备的设计要经济合理，其选型也要注意美观协调。灯柱可设置在路缘石上或人行道上，也可以利用栏杆立柱；对于有中央分隔带的桥面，灯柱可以布置在中央分隔带内。照明用灯一般高出桥面 5 m 左右。

在城市桥梁中，除采用灯柱照明外，还可根据需要，应用多样化的光源（如护栏照明、栏杆照明、结构表面照明等）形成桥梁景观照明系统。

二、桥梁基础

（一）扩大基础

桥梁的扩大基础多是刚性浅基础，其施工方法常采用明挖法，是直接在墩台下开挖基坑修建而成的实体基础。它适用于岸上或水流冲刷影响不大的浅水处，且浅表地基承载力合适的地层。它构造简单，施工方便，最为常见。

在采用明挖法施工前，应对基坑边坡的稳定性进行验算，并应制订专项施工技术方案和安全技术方案。基坑的开挖施工如需爆破，爆破作业的安全管理应符合现行国家标准《爆破安全规程》（GB 6722—2014）的规定。

在开挖基坑时，应对其边坡的稳定性进行监测。对特大型深基坑，除应按照边开挖、边支护的原则进行施工外，还应建立边坡稳定信息化、动态化的监测系统来指导施工。挖基坑产生的废方应进行妥善处置，不得阻塞河道，影响泄洪，污染环境。

扩大基础的施工通常是采用明挖的方式进行的。在开挖基坑前，应做好复核基坑中心线、方向和高程的工作，并应根据地质水文资料，结合现场情况，确定开挖坡度、支护方案以及地面的防水、排水措施。若地基土质较为坚实，开挖后能保持坑壁稳定，可不设置支撑，采取放坡开挖。在实际工程中，由于受到用地或施工条件等因素影响，需采取各种加固坑壁的措施，在开挖过程中若有渗水，则需要在基坑四周挖边沟或集水井以便排除积水。在水中开挖基坑时，一般需预先修筑临时性的挡水结构物（称为围堰），如土袋围堰等，然后将基坑内的水排干，再开挖基坑。基坑开挖至设计高程后，必须抓紧进行坑底土质鉴定、清理与整平工作，及时砌筑基础结构物。因此扩大基础施工的主要内容包括基础的定位放样、基坑开挖、基坑排水、基底检验与处理，以及砌筑（浇筑）基础结构物等。

扩大基础是由地基反力承担全部上部荷载的一种桥梁基础形式，它将上部荷载通过基础分散至基础底面，使之满足地基承载力和变形的要求。扩大基础主要承受压应力，一般用抗压性能好，抗弯拉、抗剪性能较差的材料（如混凝土、毛石、三合土等）建造，适用于地基承载力较好的各类土层，根据土质情况分别采用铁镐、十字镐、挖掘机、爆破等设备与方法开挖。

扩大基础在埋置深度和构造尺寸确定以后，应先根据最不利且最有可能情况下的荷载组合，计算出基底的应力，然后进行基础的合力偏心距、稳定性及地基的强度（包括持力层、软弱下卧层的强度）的验算，必要时还应进行地基变形的验算。

（二）桩基础

1. 桩基础的特点

桩基础是桥梁基础中常用的形式之一。当地基土层较软弱且较厚时，常采用桩基础，以满足地基强度、稳定性和控制地基沉降的要求。

桩基础可以是单根桩（如一柱一桩的情况），也可以是单排桩或多排桩。对于双（多）柱式桥墩单排桩基础，当桩外露在地面上的部分较高时，桩间用横系梁相连，以加强各桩的横向联系。多数情况下，桩基础是由多根桩组成的群桩基础，基桩可全部或部分埋入地基中。群桩基础中所有桩的顶部用承台连成一整体，在承台上再修筑墩身或台身及上部结构。

桩基础的作用是将墩台传来的外力由桩经过地基上部软弱土层传到较深的地层中去。桩基础由承台和基桩组成。

承台的作用是将桥梁上部结构荷载传递给各桩，并将各桩连成一整体以共同承受外荷载。桩基础的作用是穿过软弱的压缩性土层或水，使桩底落在更密实的地基持力层上。各桩所承受的荷载由桩通过桩侧土的摩阻力及桩端土的抵抗力传递到桩周土及持力层中。

桩基础若设计正确，施工得当，将具有承载力高、稳定性好、沉降量小、耗用材料少、施工简便等特点。在深水河道中，它可避免（或减少）水下工程，简化施工设备和技术要求，加快施工进度并改善工作条件。

2. 桩基础的适用条件

在下列情况下可采用桩基础：

①当荷载较大，地基上部土层软弱，适宜的地基持力层位置较深，采用浅基础或人工地基在技术、经济上不合理时；

②当河床冲刷较大，河道不稳定或冲刷深度不易计算准确，位于基础或结构物下面的土层有可能被侵蚀、冲刷，如采用浅基础不能保证基础安全时；

③当地基计算沉降量过大或建筑物对不均匀沉降敏感时；

④当建筑物承受较大的水平荷载，需要减小建筑物的水平位移和倾斜时；

⑤当施工水位或地下水位较高，采用其他深基础施工不便或经济上不合理时；

⑥在地震区可液化地基的施工过程中。

以上情况也可以采用其他形式的深基础，但桩基础由于耗材少、施工快速、简便，往往是优先考虑的深基础方案。

（三）管柱基础

管柱基础是由管柱群和钢筋混凝土承台组成的基础结构，也有一些管柱基础是由单根大型管柱构成的。它是一种主要用于桥梁的深基础，需要埋入土层一定深度，柱底要尽可能落在坚实土层或锚固于岩层中。作用在承台的全部荷载，通过管柱传递到深层的坚实土层或岩层上。

管柱基础因其施工方法和工艺较为复杂，所需机械设备较多，所以较少采用。

但当桥址处的地质水文条件十分复杂，不宜修建其他类型基础时，可采用管柱基础。管柱基础主要适用于岩层、紧密黏土等各类紧密土质的基底，并能穿过溶洞、孤石支承在紧密的土层或新鲜岩层上，不适用于有严重地质缺陷的地区，如断层挤压破碎带或严重的松散区域。管柱按材料不同可分为钢筋混凝土管柱、预应力混凝土管柱及钢管柱 3 种。

（四）沉井基础

沉井基础是一种断面和刚度均比桩要大得多的井筒状结构，是依靠在井内挖土，借助井体自重及其他辅助措施而逐步下沉至预定设计标高，最终形成的一种结构深基础形式。沉井基础施工时占地面积小，坑壁不需设临时支撑和防水围堰或板桩围护，与大开挖相比较，挖土量少，对邻近建筑物的影响比较小，操作简便，无须特殊的专业设备。

当桥梁结构上部荷载较大，而表层地基土的容许承载力不足，但在一定深度下有好的持力层，扩大基础开挖工作量大，施工围堰支撑有困难，或采用桩基础受水文地质条件限制时，采用沉井基础较为经济合理。

沉井基础刚度大，有较大的横向抗力，抗震性能可靠，尤其适用于竖向和横向承载力大的深基础。

桥梁沉井多采用混凝土沉井、钢筋混凝土沉井和钢沉井。

混凝土沉井的特点是抗压强度高，抗拉强度低。因此，这种沉井宜做成圆形，并适用于下沉深度不大（4～7 m）的软土层。

钢筋混凝土沉井的抗拉及抗压强度较高，下沉深度可以很大（数十米）。当下沉深度不是很大时，井壁上部用混凝土、下部（刃脚）用钢筋混凝土砌筑，其在桥梁工程中应用广泛。当沉井平面尺寸较大时，可做成薄壁结构，沉井外壁采用泥浆润滑套、壁后压气等施工辅助措施就地下沉或浮运下沉。此外，钢筋混凝土沉井井壁隔墙可分段（块）预制、工地拼接，做成装配式。

竹筋混凝土沉井在下沉过程中因受力较大，故需配置钢筋，一旦完工，它就不再承受大的拉力。因此，在南方产竹地区，可以采用耐久性差但抗拉性能好的竹筋代替部分钢筋，我国南昌赣江大桥等曾采用这种沉井。沉井分节接头处及刃脚仍采用钢筋。

钢沉井的特点是强度高、质量轻、易于拼装，这种沉井适合用作浮运沉井，但它的用钢量大，国内较少采用。

设计沉井前，必须掌握下列资料：各项设计水位、施工水位和冲刷标高；河床标高和地质情况，各土层的容重、内摩擦角、承载力和井壁摩擦力，沉井通过的覆盖层有无障碍物，岩面的高差变化；上部结构和墩台的情况，沉井基础的设计荷载；拟采用的施工方法；等等。

（五）地下连续墙

地下连续墙是采用膨润土泥浆护壁，用专用设备开挖出一条具有一定宽度与深度的沟槽，在槽内设置钢筋笼，采用导管法在泥浆中浇筑混凝土，筑成一单元墙段，依次顺序施工，以某种接头方法连接成的一道连续的地下钢筋混凝土墙。

1. 地下连续墙的优点

①利于文明施工，施工时噪声低，对周遭环境影响较小。

②整体刚度大，安全系数高，能够承受较大的土压力，可以减少塌方事故和地基沉降的发生概率，成为必不可少的挡土结构。

③防渗性能好。

④可以贴近既有建筑物施工。随着施工设备和技术的发展，我们能够贴近原有构筑物建设地下连续墙，并已经有修建成功的先例。

⑤便于逆作法施工。由于设置埋件容易，能够很好地适应逆作法施工的相关要求。

⑥能够适应各种地基条件。

⑦能够被用作刚性基础。地下连续墙技术发展到今天，已不再仅仅作为深基坑围护和防渗防水结构，已发展为一种新型的基础形式，有逐渐取代桩基础、沉井等基础形式的趋势，发展前景良好。

⑧占用空间小，可以在建筑红线以内地面和空间完成修建，拥有足够的经济投资效益。

⑨质量可靠，施工效率高，能够缩短工期，经济效益好。

2. 地下连续墙的缺点

①在某些困难或特殊的地质构造条件下，施工难度大，例如，在超硬岩石、含漂石的冲击层和很软的淤泥质土等地层中。

②如果单纯地将地下连续墙只作为临时的挡土结构，其费用比其他支护方法如钢板桩等花费多。

③废泥浆的处理存在一定困难，特别是在城市施工中。

④如果施工工艺达不到要求或者地质条件困难，有可能会导致漏水或相邻墙段无法对齐。

3.地下连续墙的用途

如前面所论述，地下连续墙具有很多优点，现在在基础工程的许多方面都得到了应用，有取代传统基础形式与施工工法的趋势。地下连续墙在我国刚被采用时，即 20 世纪五六十年代，大都被用作临时挡土结构或防渗墙。随着施工技术的进步，许多与地下连续墙相关的新材料、新设备和新技术被开发使用。如今地下连续墙已经为主体结构或结构物的一部分，近年来更是在大型的深基础工程中有了许多应用实例。地下连续墙的主要用途简介如下：

①地下建筑物，例如，地下道路、地下铁道、地下大型购物中心和地下变电站等；

②防渗墙，比如水利水电工程、尾矿坝和露天矿山处理的环保工程；

③市政工程中的涵洞或管沟；

④盾构等工程竖井；

⑤泵站、水池；

⑥护岸工程、码头工程和干船坞；

⑦地下油库和仓库；

⑧各种深基础工程和桩基工程。

三、桥梁色彩

桥梁是为了满足通行需要的特殊建筑，桥梁色彩的设计是桥梁景观整体设计当中重要的一个环节。这是因为色彩不仅能够强化桥梁的形象、展示桥梁的个性，而且还能够体现出桥梁的地域性、文化性和独特性。

因此，桥梁色彩成为影响桥梁景观的重要因素。桥梁色彩通过色相、明度、彩度、表面肌理影响人们的心理，并通过联想使人们获得不同的感受。这就要求桥梁的色彩不仅要符合桥梁本身结构上的需要，还要与周围的环境、民风民俗相协调相统一。

（一）桥梁色彩设计

作为物体视觉属性之一的色彩，是大自然赐予人类的一种无处不在的美学资源。桥梁色彩是影响桥梁景观效果的重要因素之一，也是桥梁外观形象及桥梁个性的直接表现。不同的色彩对体现桥梁的地域性、文化性及独特性起着至关重要的作用。桥梁色彩设计就是有意识地将色彩应用到桥梁各构件的造型设计当中，重视色彩能引起人的联想和情感的效果，传达设计者的意图，以期创造富有性格和美感的桥梁。

桥梁建筑的造型较为简单，通常由少量的几个构件组成，色彩在形象中的重要性则尤为突出。大面积单一色彩会使桥梁显得单调缺乏生气，致使桥梁的总体形象不突出。根据桥梁的造型特点与色彩三属性的作用原理，可对桥梁涂装从标志色与普装色两方面分别加以控制。其中标志色是体现桥梁个性的色彩，一般色彩纯度较高，效果突出，视觉冲击强烈，但其色彩面积不宜过大，可用于桥梁的重点部位，如桥塔、主缆、桥梁主构件及桥栏等。

（二）桥梁色彩的功能

桥梁色彩的主要功能包括视觉审美功能和实用功能。

1. 视觉审美功能

近年来，桥梁景观设计中普遍采用涂装着色的方法来提升桥梁的视觉审美效应。优秀的桥梁色彩设计，可以达到以下效果：

①利用色彩凸显桥梁的结构特征，并与桥梁夜景观配合，渲染、烘托、提升桥梁的审美效应；

②利用色彩显示桥梁的标志性、象征性、区域性特征，显示城市的特点；

③利用色彩的心理效果，诱导和激发审美主体的审美情感；

④利用色彩表现地域文化。

2. 实用功能

桥梁色彩依附于涂装材料，如油漆、聚胺胶、塑料、碳纤维等，这些材料都具有良好的防腐蚀性能，这就赋予了涂装色彩在保护桥梁方面的实用功能：

①可防止有害物质侵入，延长桥梁的使用寿命；尤其对于钢结构桥梁，是相当重要且必须采用的防腐措施。

②弥补、修饰结构表面缺陷。

③利用涂装色彩的诱导性，强化行车安全效果，这也是交通安全设施中常用的一种方法。

④利用色彩的心理感应，减轻驾驶员和乘客的视觉疲劳。

四、桥梁材料

（一）材料的分类

1. 钢材

（1）结构钢材

钢结构在使用过程中常常需要在不同的环境和条件下承受各种荷载，所以对钢材的材料性能提出了要求。钢结构的种类繁多，性能差别很大，适用于承重结构的钢只有少数的几种，如碳素钢中的 Q235，低合金钢中的 Q345、Q390、Q420 等牌号的钢材；《铁路桥梁钢结构设计规范》（TB 10991—2017）中规定，在铁路桥钢结构中只能采用 Q235q、Q345q、Q370q、Q420q 等几种桥钢。

（2）钢筋

在钢筋混凝土结构中使用的钢筋品种很多，主要有两大类：一类是有明显屈服点（流幅）的钢筋，如热轧钢筋；另一类是无明显屈服点（流幅）的钢筋，如钢丝、钢绞线及热处理钢筋。按外形分，钢筋可分为光面钢筋和变形钢筋两种。光面钢筋直径为 6 ～ 50 mm，握裹性能稍差；变形钢筋直径一般大于 10 mm，握裹性能好，其直径是"标志尺寸"，即与光面钢筋具有相同重量的"当量直径"，其截面面积即按此当量直径确定。

按化学成分划分，混凝土结构中的钢材可分为碳素钢和普通低合金钢两类。碳素钢除含有铁元素之外，还含有少量的碳、硅、锰、硫、磷等元素，根据含碳量的多少又可分为低碳钢（含碳量 < 0.25%）、中碳钢（含碳量为 0.25% ～ 0.6%）、高碳钢（含碳量为 0.6% ～ 1.4%）。普通低合金钢是在碳素钢的基础上添加小于 5% 的合金元素的钢材，具有强度高、塑性好和低温冲击韧性好等特点。通常加入的合金元素有硅（Si）、锰（Mn），钛（Ti）、钒（V）、铬（Gr）、铌（Nb）等。目前我国生产的普通低合金钢品种有 20MnSi、20MnSiNb、20MnTi、20MnSiV、K20MnSi、40Si2Mn、48Si2Mn、45Si2Cr 等，代号前边的数字表示含碳量的百分数，元素符号后的数字表示合金含量的百分数，如数字 2 表示含量为 1.5% ～ 2.5%，元素符号后面无数字表示平均含量小于 1.5%。

钢筋按加工方法的不同，可分为热轧钢筋、热处理钢筋、冷加工钢筋、冷轧钢筋等。

热轧钢筋是由低碳钢、普通低合金钢在高温状况下轧制而成的一种钢筋，它属于软钢。

热处理钢筋是将特定的热轧钢筋经加热淬火和回火等调质工艺处理后得到的一种钢筋。经处理后，钢筋的强度有较大提高，但塑性有所降低，钢筋的应力 - 应变曲线上不再有明显的屈服点。

钢筋冷加工的方法有很多，如冷拉、冷拔。冷加工后，钢筋的强度提高、塑性降低。冷拉是在常温下将热轧钢筋张拉，使其超过屈服点进入强化段，然后再放松钢筋。冷拔是将热轧光面钢筋多次用强力拔过比它直径还小的硬质合金模。

冷轧钢筋是采用普通低碳钢或低合金钢热轧圆盘条为母材，经冷轧后在其表面形成的具有三面或二面月牙形横肋的一种钢筋。

2.混凝土

混凝土的强度是混凝土受力性能的一个基本指标。荷载的性质不同及混凝土受力条件不同，混凝土就会具有不同的强度。工程中常用的混凝土强度有立方体抗压强度、棱柱体轴心抗压强度、轴心抗拉强度等。

混凝土的变形一般有两种：一种是受力变形，如混凝土在一次短期加载、荷载长期作用和多次重复荷载作用下会产生变形；另一种是体积变形，如混凝土由于硬化过程中的收缩以及温度和湿度变化也会产生变形。变形也是混凝土的一个重要力学性能。

《混凝土结构设计规范（2015 年版）》（GB 50010—2010）规定：钢筋混凝土构件的混凝土强度等级不应低于 C15；当采用 HRB335 级钢筋时，混凝土强度等级不宜低于 C20；当采用 HRB400 和 RRB400 级钢筋以及承受重复荷载的构件，混凝土强度等级不得低于 C40；预应力混凝土构件的混凝土强度等级不应低于 C30；当采用钢绞线、钢丝、热处理钢筋作预应力钢筋时，混凝土的强度等级不应低于 C40。

在公路桥涵工程中，钢筋混凝土构件的混凝土强度等级不应低于 C20；当采用 HRB400 和 KL400 级钢筋时，混凝土的强度等级不应低于 C25；预应力混凝土结构的混凝土强度等级不应低于 C40；对位于严寒区、海水区或使用除冰盐且受其影响的桥涵构件，混凝土的强度等级不应低于 C30；在有气态、液态或固态侵蚀物质存在的环境中，混凝土的强度等级不应低于 C35。

（二）材料与桥型

现代桥梁材料以混凝土、钢材为主，部分构件使用铝合金、玻璃钢或其他合成材料，木、石已很少使用。材料由于具有各自的力学性能，因而对桥型有相对的适应性。

相比之下，钢、铝合金等材料比混凝土材料的强度要高，因此构件截面尺寸相应减小而跨径可以很大，再加上金属材料易于切割、弯曲和焊接拼装，可以制成任何形状，所以世界上特大桥梁多以钢桥为主，缺点是投资大且维修不便。

混凝土材料成本低廉、可塑性强、施工方便，是梁桥、拱桥、刚构桥等普遍使用的材料。特别是随着高强度混凝土研制的进展与施工技术的不断提高，预应力混凝土桥已进入长大跨径桥梁领域，有可能在更大范围内取代钢桥。

实际上，对于许多桥梁来说，钢材和混凝土材料兼而有之，如墩、塔为混凝土，而主梁为钢梁或钢箱梁等，这样可以充分发挥材料的性能并取得良好的经济效益。

综上所述，桥梁随着建造材料及构件的截面形状和拼装方法的不同，会给人以雄健强劲或纤柔轻巧的不同形态，而架设什么形态的桥梁又与所建桥位环境是分不开的。由此可见，材料、桥型及环境三者之间不是各自独立的，而是相互联系的，材料限制了桥型，桥型又规定了材料，而二者背后又都受环境的制约。因此，在桥梁设计之初，应仔细考查、慎重协调三者关系。

（三）材料质感与质感设计原则

材质是指材料的组成与性质，在视觉上反映为外观质地这一形态，外观式样、纹理与色泽融合在一起构成材质的质感。质感也是构成形体本质的一个要素。

各种材料由于结构组织及加工方法、施工工艺的不同，其表面会反映出不同的质感，如粗糙、细腻、厚重、轻盈、坚硬、柔韧、晶莹、单薄等，而这些质感通过联想往往会获得不同的感受，如粗狂、朴实、稳重、典雅、高贵、华丽等。

建筑材料分天然的土、石、木与人工的混凝土、钢材等。从质感上讲，前者充满自然朴素的情趣，使人感到亲切自然，温暖舒适，而后者充满了时代感，如钢材表现出坚硬、锐利、机械、冷漠与贵重，混凝土则表现出粗狂、厚重和古朴。现代桥梁材料是以后者为主的。但作为整体结构的质感，并不是单纯的某一材质的质感，而是从已被组合加工成构件或从结构整体形态的角度去认识的。如同样是钢材，对于铆接或螺栓连接的构件，密布的铆钉、螺栓使人感到沉重、强劲，但采用全焊接的钢构件，使人看上去有一种轻快、光洁、锐利、潇洒的质感。因此，构件只有在充分有效利用其固有材质特性，并采用与其机械性能和加工性能相适应的形式进行组合时，才是最合理自然的。

质感在桥梁设计中应当被充分考虑和利用：当环境需要某一种原始状态气息时，桥梁的各种材料可保持原有面貌，以原始状态融入环境，不可添加装饰或者涂色，以免画蛇添足；当环境的主色调与采用材料的质感出入较大时，可对桥梁进行喷涂颜料或粘贴面板等外观处理，利用颜料或面板的质感来协调环境，力求达到和谐美观的效果。

质感设计的基本法则，实质上就是各种材质有规律组合的基本法则。它不是固定不变的，有一个从简单到复杂、从低级到高级的过程，它随着科技文化和艺术审美水平的发展而不断更新，应灵活掌握应用。质感设计的基本法则如下。

1. 配比原则

配比原则的实质就是和谐，即多样统一配比原则包含调和法则和对比法则。

2. 主从原则

主从原则实际上就是强调在设计上要有重点。没有主从的质感设计，会使结构的造型显得呆板、单调。

3. 适合原则

在质感设计中，应充分考虑材质的功能和价值，质感应与适用性相符。获得优美的艺术效果，不在于有多少贵重材料的堆积，而在于材料的合理配置与质感的和谐运用。

（四）形、色、质三者的关系

物体的表现并不是单一的形、色、质的表现，而是它们有机统一后的表现。色、质是形在光作用下的语言，色、质的表现与形的表现在设计中需要同时考虑，它们相互之间有一定的制约与补充关系，处理得当会相得益彰，处理不当则会相形见绌。例如，在桥梁形态处理较差或单调时，色、质的调整作用和营造氛围的作用会表现得更为突出，使比例、轻重、虚实的感觉发生变化。形以线、面、体等要素给人留下视觉印象，而色、质则以色相、明度、彩度、面积、肌理等要素影响人们的心理，它们在建筑中都具有指示、划分、强调、联结、融合等多种功能，都需要考虑社会、人与自然的需求，结合周围环境、结构与空间划分、构件与材料组合等去应用。

人们对物质的认识都是通过形、色、质三者的统一表现所形成的。质是物体固有的性质，色又依附于光而存在。因而色和光是材料质地特征的表现，而质又是色和光表现的条件。因此，有色必有质的感觉，有质必有色的反映，它们是相互依存的。

总之，形、色、质作为视觉艺术的三大要素相互之间有着密不可分的关系，并直接影响着人们的生存环境与心理、情感，也是美学设计的主要内容，应该全面综合去考虑。

第二节　桥梁检查

一、桥梁检查的基本概念

桥梁检查就是对桥梁结构及部件的材料质量和工作性能方面所存在的缺损状况进行详细检测、试验、判断和评价的过程，是对桥梁的专门检验，属于短期桥梁诊断的范畴。

需要进行检查的桥梁绝大部分是旧桥，有些新桥也要求做检查工作，综合起来主要有以下几种原因：

①桥梁缺乏设计和施工资料；

②桥梁施工质量较差，不符合设计要求；

③桥梁竣工运营一段时间后发现较严重的病害，影响其承载能力；

④桥梁施工质量较好，运营情况也良好，但希望提高其允许的承载能力；

⑤桥梁需要通过超过设计标准的特殊荷载车辆；

⑥因为一些特殊原因，比如为了取得一定的科研资料等需要做桥梁检测工作。

二、桥梁检查的目的和意义

近年来，随着我国工业化进程的加快，特大型工业设备运输、集装箱运输、矿山特种车辆及私自改装重型车辆的运行，都给现有桥梁的安全使用造成威胁。桥梁检查的具体目的如下：

①通过桥梁的总体外观质量检查确定桥梁的各个构件及附属物的损坏程度和工作状况，并对桥梁各部件的技术状况进行评定；

②通过对桥梁上部结构混凝土构件的无损检测，确定桥梁混凝土构件的强度、梁板的配筋状况以及钢筋的锈蚀程度。

桥梁检查的意义有以下三方面。

第一，检定现有桥梁的实际承载能力，为桥梁的使用及维修加固提供必要的依据。原来按旧标准规定的荷载等级设计建造的桥梁，由于交通量的不断增加，加之重型、超载车辆的频繁出现，主要部位出现缺陷，如裂缝、错位、沉降等。对现有桥梁进行检测，了解其各部位损坏的程度，核定其承载能力，可以为桥梁的维修加固提供必要的依据。

第二，积累必要的技术资料，建立桥梁养护数据库。现有桥梁大多资料不全，尤其是年代久远的桥梁更是缺乏资料，需要通过检测重新积累技术资料。系统地收集这些桥梁技术数据，建立桥梁数据库，为加强科学管理和提高桥梁管养技术水平提供必要条件，并为指导今后的桥梁养护、加固与维修工作提供技术支持。

第三，检验桥梁的结构质量，确定工程的可靠度，推动和发展旧桥评定及新结构的计算理论。对于一些重要的大桥或特大桥梁，在建成之后，可评定其设计及施工质量，确定工程的可靠度；对于采用新型结构的桥梁，可验证理论的实践性和可靠性，进一步发现问题、总结经验，以便对结构设计理论及结构形式加以改进，使其更臻完善。

三、桥梁检查的分类

为保证道路畅通，必须加强对现有桥梁的检查、保养、维修和加固，使其经常处于完好的技术状态，提高其服务水平，延长其使用年限。旧桥加固的程序是：桥梁检查—桥梁评定—桥梁加固。下面重点介绍桥梁检查，桥梁检查分为三类：经常检查、定期检查和特殊检查。

（一）经常检查

经常检查是对桥梁构筑物及附属设施进行的日常巡视检查，一般采用目测方法，也可配以简单工具进行测量。经常检查应由专职桥梁养护管理人员或有一定经验的工程技术人员负责，应按桥梁类别、技术状态等级确定经常检查的周期。一般结构的桥梁，其经常检查周期为一月一次，最长周期每季度至少一次；遇恶劣天气、汛期、冰冻等特殊情况周期宜缩短，特殊情况可设专人看护。应当场填写"桥梁经常检查记录表"，登记所检查项目的缺损类型，估计缺损范围，为养护维修计划的制订提供依据。

在经常检查过程中，当发现重要病害或病害发展较快，影响桥梁的正常使用、危及车辆与行人安全时，应及时采取相应措施并立即向主管部门报告，以便桥梁结构得到及时的养护、保养或紧急处理。

在经常检查过程中，当发现桥梁重要部（构）件存在明显缺损，达到三、四类技术状况的病害时，应立即向上级公路养护管理机构报告。

在经常检查时，应检查下列内容：
①桥面铺装是否平整，有无裂缝、局部坑槽、波浪、碎边，桥头有无跳车。
②桥面泄水管是否堵塞和破损。

③桥面是否清洁，有无杂物堆积，杂草蔓生。

④伸缩缝是否堵塞卡死，连接件是否松动、局部破损。

⑤人行道、缘石栏杆扶手和引道护栏（柱）有无撞坏、断裂、松动、错位、缺件、剥落、锈蚀等。

⑥翼墙（侧墙、耳墙）有无开裂、风化剥落和异常变形。

⑦锥坡、护坡有无局部塌陷，铺砌面有无塌陷、缺损，有无垃圾堆积、灌木杂草丛生，排水沟和行人台阶是否完好。

⑧交通信号、标志、标线、照明设施是否完好。

⑨其他显而易见，达到三、四类技术状况的损坏或病害。

（二）定期检查

根据桥梁的全长、跨度、结构类型、材质、运营情况及重要性等，可每半年、1年或3年进行一次定期检查。对斜拉桥、悬索桥等结构复杂的桥，可半年进行一次定期检查。对预应力混凝土连续梁、预应力混凝土连续刚构等结构形式的桥，可每年甚至每3年检查一次。定期检查是按规定周期，对桥梁主体结构及其附属构造物的技术状况进行的全面检查，主要检查各部件的功能是否完善有效，构造是否合理耐用，是否需要大、中修，改善或限制交通的桥梁缺损状况，同时检查小修保养状况。

定期检查要求具有丰富的实践经验，受过专门桥梁检查培训并熟悉桥梁设计、施工等方面知识的工程师来进行。

定期检查以目测为主，辅以必要的测量仪器、探查工具、望远镜、照相机和现场用器材等设备进行。

定期检查的时间应符合下列规定：

①新建桥梁交付使用1年后，进行一次全面检查。

②桥梁定期检查周期一般为3年，桥梁检查工程师可视被检查桥梁的技术状况适当调整定期检查周期。

③非永久性桥梁1年检查一次。

④根据养护工程师的报告，对于在经常检查中发现重要部位（构件）有严重病害的桥梁，应立即安排一次定期检查。尽管经常检查和定期检查必要时可辅以简单手持工具进行检查，但是由于桥梁外观检查以目测为主，检查结果的评定大多基于经验，所以这两类检查比较适合桥梁管理与养护部门。

为了便于分析判断桥梁可能发生的病害原因，必须在构件处于正常状态时设置永久性控制检测点。新建桥梁应在交付使用前设置；未设永久性控制检测点的既有桥梁，应在定期检查时按规定补设。

在检查桥梁结构时，应首先观察有无异常变形、振动或摆动。然后检查各部件的技术状况，查找异常原因。各种桥梁上、下部构造以及附属构造检查的内容应按《公路养护技术规范》（JTG H10—2009）第五章的规定执行。

（三）特殊检查

特殊检查是采用特定的物理、化学或无破损检测手段对桥梁一个或多个组成部分进行的全面查看。特殊检查包括测强、测伤或测缺，旨在找出损坏的明确原因、程度和范围，分析损坏所造成的后果以及潜在缺陷可能给桥梁结构带来的危险，为评定桥梁耐久性和承载能力以及确定维修加固工作的实施提供依据。特殊检查分为应急检查和专门检验。

1. 应急检查

应急检查是指桥梁遭受地震、洪水、风灾、车辆撞击或超重车辆自行通过等紧急情况或发生突发性严重病害时，为及时得到构筑物状态的信息而进行的检查。应急检查由上级管理机构的专职桥梁养护工程师负责。应急检查应首先进行现场勘查，查验桥梁是否破损，必要时可采用专门的仪器设备或试验等特殊手段和科学分析方法，查明桥梁病害原因、破损程度和承载能力，以便采取相应的加固、改造措施。

2. 专门检查

桥梁在下列情况下应做专门检查：定期检查中难以判明损坏原因及程度的桥梁；要求提高载重等级的桥梁，在确定加固改善方案之前，需做专门检查；需要进行大修或改善的桥梁。

专门检查的准备工作应收集以下材料：竣工文件、历次桥梁定期检查和应急检查报告、历次维修资料以及交通统计资料等。当原资料不全或有疑问时，可现场测绘构造尺寸，测试构件材料组成及性能，勘查水文地质情况。

特殊检查一般由现场检测和实验室测试分析两大部分构成。现场检测可分为一般检查和详细检查两个阶段。一般检查应同定期检查那样对结构及其附属设施的所有构件或部位进行彻底、视觉和系统检查，记录所有损坏的部位、范围和程度。一般检查的结果是判断是否进行详细检查的依据。详细检查主要是对一些重点部位或典型桥孔，采用一些专门技术和设备进行深入而细致的检测。

　　桥梁专门检验是对其结构及部件的材料质量和工作性能方面所存在的缺损状况进行详细检测、试验、判断和评价的过程，一般要使用多种专门的仪器设备。检测完成后要有专门报告，并需对某些比较严重的部位及关键部位的技术状态和安全状态做出特别说明，对全桥的安全状态和承载能力做出正确评估，对下一步桥梁的维修加固提出建设性意见。专门检查的项目主要有以下两方面内容：

　　第一，结构材料缺损状况诊断，包括材料损坏程度检测，材料物理、化学性能测试及缺损原因的分析判断。

　　对结构材料缺损状况的检测，根据缺损的类型、位置和检测的要求，可选择表面测量、无破损检测技术和局部取试样等有效可靠的方法。试样宜在有代表性构件的次要部位获取，检测与评定应依照相应的试验标准进行。采用没有标准依据的检测技术，应事先通过模拟试验制定适用的检测细则，保证检测结果具有一定的可靠性。

　　第二，结构整体性能、功能状况鉴定，包括结构承载能力（强度、刚度和稳定性等）鉴定、桥梁抗洪能力鉴定。一般采用以下两种方法：第一种方法是根据实际的结构技术状况进行结构检算、水文和水力检算；第二种方法是当采用调查、检算的方法尚不足以鉴定桥梁承载能力时，可采用荷载试验测定桥梁在荷载作用下的实际工作状况，结合调查、检算来评定其承载能力和工作状况。

四、桥梁检查的基本内容

（一）桥面系检查

桥面系检查可以按桥面系的组成依次检查。

1. 桥面铺装的检查

桥面铺装的功能是使车辆安全而舒适地行驶。当桥面铺装产生病害后，会产生如下后果：

　　①铺装粗糙度不足或铺装层脱落，容易引起大的交通事故；

　　②桥面铺装不平整等引起汽车车辆对桥梁的冲击效应增大，使桥面板等结构的耐久性削弱；

　　③在伸缩缝的前后，桥梁铺装层与伸缩缝装置之间的高低差不仅会损坏铺装本身，而且会损坏伸缩缝装置。桥面铺装的检查：首先应检查桥面铺装的类型，然后检查铺装层存在的主要缺陷。

　　沥青桥面铺装的主要病害有轻微裂缝（发状或条状）、严重裂缝（龟裂纵、横裂缝）、坑槽、车辙、磨光和起皮等。

水泥混凝土桥面铺装的主要病害有裂缝、剥落、坑洞、磨光等。

2. 伸缩缝装置的检查

伸缩缝装置通常设置于梁端构造的薄弱部位，因直接承受车辆的反复荷载，故最易遭受破坏。这不仅会降低行驶性能，而且会引起结构本身的损坏，如桥面伸缩缝的损坏，会使水向下渗漏从而影响梁体端部结构或造成支座锈蚀等。

3. 桥面排水设施的检查

桥面排水设施及桥面铺装的缺陷，往往会使桥面积水，引起车辆滑移，导致交通事故。

桥面排水设施的缺陷，在降雨和化雪时表现得最显著，因而对桥面排水设施缺陷的检查最好在此时进行。

桥面排水设施不良，除设计上可能考虑不周外，主要是排水设施本身被破坏以及尘土、树叶、淤泥等堵塞排水设施，以致不能正常排水。

桥面积水往往会通过桥面铺装的裂缝等缺陷影响桥梁主要承重结构构件的耐久性能。

4. 栏杆、扶手及人行道的检查

对于栏杆、扶手，主要应检查栏杆、扶手本身破坏情况以及相互连接处是否脱落，钢制构件是否锈蚀、脱漆；对于人行道，主要应检查路缘石是否有破碎、人行道与桥面板的连接是否牢固。

桥梁的桥面系状况直接与行车、行人的安全和适用性能有关，同时桥面系中存在的缺陷也会使桥梁主要结构构件的工作性能发生恶化。

5. 照明设备、交通设施检查

对于照明设备、交通设施，主要应检查灯具是否完整，电路是否正常，灯柱有无损坏、锈蚀、变形，标志、标线是否完整、清晰、有效。

（二）桥梁上部结构的检查

对于桥梁的上部结构，应首先观察是否有异常变形、振动或摆动，如上部结构线形是否平顺、拱轴线是否变形、桥跨有无异常的竖向振动或横向摆动等状况，然后检查各部件的技术状况和异常原因。

1. **钢筋混凝土与预应力混凝土桥上部结构的检查**

①检查混凝土构件有无大于 0.2 mn 的裂缝，是否存在腐蚀、渗水、表面风化、疏松、剥落、露筋和钢筋锈蚀等现象，有无整体龟裂和混凝土强度降低现象。

②检查预应力钢束锚固区段混凝土有无开裂，沿预应力筋的混凝土表面有无纵向裂缝或水侵害。

③梁与梁之间的接头处以及纵向接缝处混凝土表面有无裂缝；梁（板）接缝混凝土有无开裂和钢筋锈蚀；横向连接构件有无开裂；连接钢板的焊缝有无锈蚀、断裂；边梁有无横移或向外倾斜；预应力拼装结构拼装缝有无较大开裂等。

④拱桥主要检查主拱圈的拱脚 1/4、拱顶和拱上结构的变形、混凝土开裂与钢筋锈蚀情况，以及有无缺损。具体检查内容包括：拱上立柱上下端、盖梁和横系梁以及拱腹的混凝土有无开裂、剥落、露筋和锈蚀；下、中承式拱桥的吊杆上下锚固区的混凝土有无开裂、渗水等，吊杆锚头附近有无锈蚀或断裂现象；双曲拱桥应检查拱肋间横向连接是否松动或缺损，拱波与拱肋结合处是否开裂，拱波之间砂浆有无松散脱落，拱肋及拱波顶是否开裂、渗水等。

⑤刚构桥梁主要检查各部位有无产生裂缝，如跨中处、角隅处、支座处。

⑥连续梁和连续刚构桥主要检查跨中是否有下挠变形、桥墩处梁顶部有无开裂。

⑦带有平曲线的梁式桥应每年对横向偏移进行检测。

2. **刚构桥上部结构的检查**

①检查构件、特别是受压构件是否有扭曲变形、局部损伤。

②检查铆钉和螺栓有无松动、脱落、锈蚀或断裂，节点是否滑动错裂。

③检查焊缝及边缘（热影响区）有无脱焊或裂纹。

④检查防腐涂装层有无裂纹、起皮、脱落，构件是否腐蚀。

⑤检查钢结构表面是否有污垢、灰尘堆积和污水滴漏。

⑥对主要节点进行的高强螺栓扭矩抽样检测。

3. **钢−混凝土结合桥梁上部结构的检查**

①钢−混凝土结合梁桥检查的相关内容应符合钢筋混凝土桥梁相应的规定要求。

②检查桥面板纵、横向裂缝的位置、宽度、长度、密度及发展程度，必要时应局部拆除铺装层观测。

③检查支座附近桥面板的渗漏水情况。

④检查钢梁与混凝土结合桥面板之间的剪力连接件是否有破损、纵向滑移及掀起；检查桥面混凝土铺装层是否有鼓起、破损等现象。

4. 悬索桥上部结构的检查

①检查索塔有无异常的沉降、倾斜，柱身、横系梁有无开裂、渗水和锈蚀。

②检查主索、吊杆和拉锁的防护层有无破损、老化和漏水。

③检查悬索桥的索鞍、缆索锚头和吊杆锚头及钢索出口密封处是否有漏水、积水和脱漆、锈蚀，拉索及阻尼垫圈式减振器是否有漏水、漏胶和老化。

④主梁应按其结构类型进行相应的检查。

⑤每年一次定期对主缆的索力和索箍高强螺栓紧固力进行测试，如测试结果异常，应查明原因，研究对策。

⑥每年雷雨季节到来之前，应对防雷系统包括避雷器、避雷针、连接装置、线路、接地装置等进行全面检查、维护。若检测不合格，应立即调整和处理，使之达到有关要求，确保使用安全。

5. 系杆拱桥上部结构的检查

①检查吊杆及横梁节点区是否有滴水现象或产生铁锈臭味，套管或吊杆钢的外包防护层是否破损，吊杆钢丝束的防水情况及阻尼垫圈式减振器橡胶的老化变质情况。

②检查吊杆钢丝有无锈蚀，吊杆，特别是短吊杆钢丝束受力是否正常。

③检查锚具的封锚混凝土有无裂缝、腐蚀、表面积水，系杆锚固区附近的混凝土是否有开裂、脱落，锚固端结构是否异常，吊杆的锚夹具是否有松弛和锈蚀；吊杆锚头及吊杆与横梁节点区密封处是否漏水、积水和脱漆、锈蚀。

④桥面高程、拱肋轴线有无变化，桥墩桥台有无沉降。

⑤对于钢拱肋或钢管混凝土拱肋，应检查钢管与混凝土是否存在脱空现象，涂装层是否脱落。

（三）桥梁下部结构的检查

1. 桥梁墩台的检查

桥梁墩台的检查主要包括对墩台身缺陷及裂缝的检查，对墩台变位（沉降、位移、倾斜）的检查。

对于钢筋混凝土的墩台身来讲，比较常见的缺陷是混凝土冻胀引起的剥离、混凝土的风化掉角及船只碰撞造成的表面混凝土擦痕、露筋等；比较常见的裂缝形态是墩台身沿主筋方向的裂缝或沿箍筋方向的裂缝（这些裂缝一般数量不多）、盖梁上与主筋方向垂直的竖向裂缝。

对于砖、石及混凝土的墩台身来讲，比较常见的缺陷是砌体砌缝砂浆的风化、大体积混凝土内部空洞引起的破损等；比较常见的裂缝形态是墩台身的网状裂缝及竖向裂缝（沿墩台身高度方向发展延伸）。

对桥梁墩台身缺陷及裂缝的检查，可以采用目测或借助于一些工具（如用小锤轻敲以检查表面风化程度、剥落情况及内部空洞，用读数显微镜检查裂缝最大宽度等）来完成。

对墩台沉降、位移和倾斜情况的检查，一般可以先由目测并结合桥梁上部结构检查进行初步判断。例如，对于简支梁桥，若在上部结构检查时发现主梁在墩顶倾斜、伸缩缝顶死的情况，则可以初步判定桥墩可能有倾斜或不均匀沉降；对于双曲拱桥，如果在主拱圈检查中发现拱顶下沉较多及主拱肋上有较多的径向裂缝，那么也可以初步认为桥台可能有水平位移存在，应再进行详细调查。

桥梁墩台的沉降量可以用精密水准仪测量，应严格按国家一、二等水准测量规定进行，并应布设闭合水准路线。观测点一般选在墩台顶面的两端，可用在墩台上埋置的铆钉头作为水准观测点。

对中小跨度梁桥墩台水平位移的检查，可用特制的钢线尺进行悬空丈量，直接将丈量结果与竣工资料比较。钢线尺最好采用铟钢尺，以免受气温变化的影响。

对拱桥墩台水平位移的检查，可采用如下方法：

①若有完整的竣工资料，则可先根据小三角测量求得跨径，再与竣工时跨径值比较得到桥台的水平位移；

②若没有竣工资料，则需要根据实测拱轴线取得拱顶的下沉量，扣除因设预拱度不够而下沉得到的差值，再以此除以拱顶处推力影响线坐标，从而得到桥台水平位移的估算值。

桥梁墩台的倾斜情况可以在墩台上设置固定的铅垂线测点，用全站仪或吊垂球来检测。

2.墩台基础的检查

对墩台基础的检查，主要指对墩台基础冲刷情况和缺陷情况的检查。

在水中的桥墩，因为直接阻水，除了一般的冲刷以外，还有局部冲刷，在桥墩处易形成局部漏斗形河床。当河床为厚砂砾卵石层时，因水流带动砂砾石运动，会对钻孔灌注桩造成严重的磨损，甚至使桩中钢筋外露。特别是在地面或低水位以下、冻结线以上或冲刷线附近，基础或墩身常有环带状腐蚀，基础周围表面松散，严重者使混凝土形成空洞。

混凝土或浆砌片石扩大基础的主要缺陷是基础松散破裂和基础冲空。

当桥梁墩台有倾斜、位移或在活载作用下墩顶位移较大时，往往可能是基础有病害，应进行挖探检查：

①在河床无水或浅水墩台，可设围堰防水直接挖至基础检查；

②对于流速不大的深水墩台，可先用围堰、封底进行抽水，再进行检查。

另外，激光探测和振动检查方法，也可以用来检查墩台基础中裂缝、断裂、冲空等病害。

五、桥梁养护

（一）桥面铺装层的养护

1.桥面铺装层的常见缺陷

桥面铺装层材料主要有水泥混凝土和沥青混凝土两种，由于使用材料不同，缺陷的形式也不一样。对于沥青混凝土而言，主要有泛油、松散露骨、裂缝、高低不平等缺陷；对于水泥混凝土而言，主要有磨光、裂缝、脱皮露骨、高低不平等缺陷。

2.桥面铺装层的养护维修

桥面凹凸不平，若因构件连接处沉陷不均引起，则可采用在桥下以液压千斤顶顶升，调整构件连接处标高，使其顶面具有相同高度的方法来进行维修。

为了确保桥面铺装的使用性能得到满足，应对桥面铺装进行日常养护、检查和定期检测，当桥面出现各种病害时，应及时进行保养小修。

桥面铺装的养护工作包括：经常清扫桥面，使桥面清洁平整，保持行车的舒适性；冬季雨、雪后应及时清除桥面上的冻块或积雪；严禁在桥面上放置杂物或作为晒场等；桥面铺装应保持一定的横坡和纵坡，在雨后应及时将积水排除；应保持桥面防水层具有良好的使用性能；及时处理桥面铺装存在的裂缝等表面缺陷，当桥面铺装采用水泥混凝土铺装层时，应及时处理如磨光、脱皮等表面缺陷；保持桥面上的人行道铺装、路缘石完好、平整，有缺损时应及时维修或更换。

（二）伸缩缝的养护

1. 伸缩缝的检查

在正常巡回检查时，可在巡回车上用肉眼检查，也可用卷尺、直尺、水准尺、游标尺等测定。对破损情况，可分严重、中等、轻微 3 种情况。在检查时，应注意下列情况：

①伸缩缝装置和填料间有凹凸不平，铺装和填料间凹凸不平，有漏水。

②填缝料表面剥落、裂缝、下陷；行车时有冲击和异常声音。

③伸缩异常、支座异常，桥面板端部破损，接缝周围铺装下陷、产生裂缝。

④橡胶接缝的缝料剥落、下陷、缺角，锚碇物固定不够，封层脱落，接头处漏水。

⑤钢接缝移动异常，锚固材料破损，连接螺栓破损，排水管阻塞及破损。

⑥纵缝和横缝连接不良，排水不良，有漏水，车辆行驶时滑溜。

2. 伸缩缝的养护

桥面伸缩缝要经常注意养护，使其发挥正常作用。对于锌钢板 U 形槽伸缩缝，要防止杂物嵌入；梳形钢板伸缩缝、梳齿形伸缩缝和毛勒伸缩缝缝内塞进杂物时要及时清除；橡胶伸缩缝的橡胶老化时要注意修理更换。

伸缩缝装置的一般养护应符合下列规定：

第一，伸缩缝装置应平整、直顺、伸缩自如，处于良好的工作状态。有堵塞时应及时清除，出现渗漏、变形、开裂、行车有异常响声、跳车时应及时维修。保养周期每年应 2 次。

伸缩缝装置间杂物的危害：异型钢类伸缩缝装置的日常维护项目，主要是清扫缝间积存的杂物。这些杂物如不及时清理，不仅会造成密封橡胶带（止水带）的严重磨损破坏，也会影响伸缩缝装置的正常工作，甚至造成伸缩装置和梁头的破坏。

第二，橡胶板式伸缩缝装置的固定螺栓应每季度保养一次，松动时应及时拧紧；橡胶板丢失应及时补上，弹簧（止退）垫不得省略。严重破损的橡胶板，应及时按同型号进行更换。

第三，异型钢类伸缩缝装置的密封橡胶带（止水带），损坏后应及时更换。密封橡胶带的选择，应满足原设计的规格和性能要求。

第四，钢板伸缩缝装置的钢板开焊、翘曲和脱落时，应及时发现并及时补焊。

第五，弹塑体伸缩缝装置出现脱落、翘起时，应及时清除，并应重新浇筑弹塑体混合料。当槽口沥青混凝土塌陷严重或附近沥青混凝土平整度超过规范规定时，应清除原弹塑体混合料和周围沥青混凝土，重新摊铺、碾压，并应按新建工艺要求重新安装弹塑体伸缩缝装置。

（三）桥面排水设施的养护

桥面是供车辆行驶的部位，当桥面因排水不畅或排水设施破坏而形成障碍时，为防止雨水渗入梁体引起锈蚀而影响桥梁的耐久性、稳固性，应尽快进行处理，以保证车辆的正常通行。

桥面要经常清扫，保持清洁。桥面不应凹凸不平，如发现桥面有坑槽，应及时进行修补，避免积水。

泄水管盖板（进水口处）上的杂物应及时清除，避免杂物掉入管内堵塞管道而影响排水。

若发现泄水管出口处有泥石杂物堆积，应及时清除掉。

泄水管应经常进行疏通。若发现损坏时要及时修补，接头不牢已掉落的要重新安装，损坏严重的要予以更换。

桥面上的引水槽如有破坏应迅速重新修理，长度不足时应及时给予接长。当槽口太小，不能满足排水需要时，应扩大槽口重新修筑。

（四）桥头引道的养护

检查有无渗水、沉陷、冲刷等，若有则必须及时修整，确保引道平整和正常排水。

检查纵横断面是否合乎规定，如若不符则应按要求修改更正。

检查引道与桥头衔接是否平顺，有无跳车现象。处理方法是对桥头衔接处下沉的路面填补修理，使之连接平顺，不致产生跳车。

检查挡土墙、护坡、护栏、锥形溜坡与其他有关设施是否正常。

检查引道上是否设有油管或跨路渠道等，其孔径或闸门和其他各部位是否正常。对引道上的涵管或水渠等应按涵洞的有关施工要求进行养护，顶部出现损坏时应采取与路面损坏相同的方法进行维修。

（五）栏杆及防撞护栏的养护

桥梁上的栏杆及防撞护栏都是桥面上的安全防护设施，暴露在自然环境条件下，加之受到人为或车辆的撞击，出现各种各样的缺陷或损伤是不可避免的。栏杆及防撞护栏的常见缺陷有撞坏、缺陷、裂缝、变形过大、腐蚀等。

为了保证行人和车辆的安全，栏杆和防撞护栏必须始终处于完好的状态，若出现以上一些缺陷，则应迅速采取相应的措施进行修复。

（六）桥面照明系统的养护

桥面照明系统是桥梁工程中的重要组成部分之一，照明条件的好坏，直接影响夜间桥面的行车速度及交通事故潜在发生率。因此，必须对桥面照明系统进行日常检查、定期检查和特殊检查，及时发现问题和原因，以进行必要的维修。

第三节　桥梁技术状况评定

桥梁技术状况评定，分为一般评定和适应性评定。一般评定是依据桥梁定期检查资料，通过对桥梁各部件技术状况的综合评定，确定桥梁的技术状况等级，提出桥梁的养护措施。桥梁适应性评定是依据桥梁定期及特殊检查资料，结合试验与结构受力分析，评定桥梁的实际承载能力、通行能力、抗洪能力，提出桥梁的养护、改造方案。

一、一般评定

一般评定，宜采用考虑桥梁各部件权重的综合评定方法，亦可按重要部件最差的缺陷状况评定，或对照桥梁技术状况评定标准，即《公路桥涵养护规范》（JTG 5120—2021）进行评定。

①根据缺损程度（大小、多少或轻重）、缺损对结构使用功能的影响程度（无、小、大）和缺损发展变化状况（趋向稳定、发展缓慢、发展较快）3个方面，以累加评分方法对各部件缺损状况做出等级评定。评分方法参考《公路桥涵养护规范》（JTG 5120—2021）。

②重要部件，如墩台与基础、上部承重构件、支座等，按其中缺损最严重的构件评分；其他部件，根据多数构件缺损状况评分。

③推荐的各部件权重参考《公路桥涵养护规范》（JTG 5120—2021）。各地区也可根据本地区的环境条件和养护要求，采用专家评估法修订各部件的权重。

④桥梁技术状况评定等级分为一类、二类、三类、四类、五类，桥梁总体及部件技术状况评定标准参考《公路桥涵养护规范》（JTG 5120—2021）。

二、适应性评定

对桥梁的承载能力、通行能力、抗洪能力应周期性进行评定。评定周期一般为 3 ～ 6 年。评定工作可与桥梁的定期检查、特殊检查结合进行。

承载能力、通行能力的评定一般采用现行荷载标准及交通量，也可考虑使用预测交通量。

三、养护对策

对一般评定计划的各类桥梁，分别采取不同的养护措施。一类桥梁进行正常保养；二类桥梁需进行小修；三类桥梁需进行中修，酌情进行交通管制；四类桥梁需进行大修或改造，及时进行交通管制，如限载、限速通过，当缺损较严重时需要关闭交通；五类桥梁需要进行改建或重建，及时关闭交通。

对适应性不能满足的桥梁，应采取提高承载力、加宽、加长、基础防护等改造措施。

第六章 桥梁施工控制与健康监测技术

桥梁作为交通线路的重要组成部分，其安全运营具有重要意义。随着科学技术的进步，桥梁朝着"大跨度""新材料"及"新体系"的方向发展，这给桥梁的设计、施工及后期运营管理都带来了新的挑战。本章分为桥梁施工控制的工作内容、桥梁健康监测技术及应用两部分，主要内容包括几何（变形）控制、应力控制、稳定控制、安全控制、桥梁健康监测概述、桥梁健康监测研究、桥梁健康监测组成等方面。

第一节 桥梁施工控制的工作内容

桥梁施工控制的任务就是要确保在施工过程中桥梁结构的内力和变形始终处于容许的安全范围内，同时要确保成桥状态（包括成桥线型与成桥结构内力）符合设计要求。不同类型的桥梁，其施工控制的工作内容不全相同，但从总体上来看，主要包括以下几方面。

一、几何（变形）控制

不论采用什么施工方法，桥梁结构在施工过程中总要产生变形。结构的变形，会使桥梁结构在施工过程中的实际位置（立面标高、平面位置）偏离预期状态，甚至导致桥梁难以顺利合拢，或造成成桥线形与设计目标不符。桥梁施工控制中的几何控制就是为了将桥梁结构在施工中的实际状态与预期状态之间的偏差控制在容许范围内，使成桥线形状态符合设计要求。

与桥梁工程质量的优劣需用其质量检验评定标准来检验一样，施工控制的结果也需有一定的标准，即用偏差容许值来评判。偏差容许值与桥梁的规模跨径大小、技术难度等有关，目前还没有统一的规定，常根据具体桥梁的施工控制需要来确定。同时，为保证几何控制总目标的实现，每道工序几何控制偏差的允许范围也需事先确定。

二、应力控制

桥梁结构在施工过程中以及在成桥状态的受力情况是否与设计相符合是施工控制要解决的重要问题。为解决这一问题，人们通常通过结构应力的监测来了解实际应力状态，若发现实际应力状态与理论计算应力状态的差别超限就要进行原因查找和调控，使之控制在允许范围之内。一旦结构应力超出允许范围，轻者会给结构造成危害，重者将会产生结构破坏。这样一来，它比变形控制显得更加重要，因此必须对结构应力实施严格监控。应力控制的项目和限值目前尚无明确的规定，需根据实际情况确定，通常包括以下几方面：

①结构在自重下的应力；

②结构在施工荷载下的应力；

③结构预加应力；

④斜拉桥拉索的张力；

⑤悬索桥主缆、吊杆的拉力，中下承式拱桥吊杆的拉力；

⑥温度应力，特别是大体积基础、墩柱的温度应力；

⑦其他应力，如基础变位、风荷载、雪荷载等引起的结构应力；

⑧施工设备，如支架、挂篮、缆索吊装系统等的应力。

三、稳定控制

桥梁结构的稳定性关系到桥梁结构的安全，它与桥梁的强度有着同等的甚至更重要的意义。桥梁结构的稳定安全系数是衡量桥梁结构安全的重要指标，但现行规范中尚未详细列出各种结构在不同工况下的最小稳定系数，有待进一步完善。目前，人们主要通过稳定分析计算，并结合结构应力变形情况来综合评定、控制桥梁结构的稳定性。此外，除桥梁结构本身的稳定性必须得到控制外，施工过程中所用的支架、挂篮、缆索吊装系统等施工设备的稳定性也应满足要求。

四、安全控制

在桥梁施工过程中，安全控制是桥梁施工控制的重要内容，桥梁施工的安全控制是上述变形控制、应力控制、稳定控制的综合体现。变形控制、应力控制、稳定控制取得了成效，安全控制也就得到了保障。结构形式不同，直接影响施工安全的因素也不一样，在施工控制中需根据实际情况，确定其安全控制重点。

第二节　桥梁健康监测技术及应用

一、桥梁健康监测概述

（一）桥梁健康监测的概念

健康监测的概念首先是在机械设备故障诊断中提出来的，通过一些传感器测试机械设备响应，借助信号时频域分析方法判别设备是否存在故障及其相应位置。其核心方法是无损检测技术。1997 年，豪斯纳（Housner）给出了健康监测的定义：通过现场无损测试来分析结构特性，包括结构响应的分析，来检测能够反映结构损伤和退化的特征。后来健康监测的思想逐步应用到土木工程中，可以为土木结构的安全控制和养护管理提供依据。大型的土木结构与机械设备不仅在尺寸上有所差异，结构分析的侧重点和方法也不尽相同，因此土木结构的健康监测与机械故障诊断是有所区别的。

综合现有文献，对桥梁健康监测做如下定义：桥梁健康监测是指通过合理地在桥梁结构上布设各种类型传感器，实时测试桥梁周围环境作用以及在各种荷载下桥梁结构静动力的响应，结合信号处理方法，利用系统识别和结构评估理论评价桥梁的安全状况，为桥梁健康运营和养护管理提供决策和依据。由此可见，桥梁健康监测是一个涉及多学科交叉的研究领域。

（二）桥梁健康监测的目的

在各种重大工程结构中，桥梁结构具有数量多、服役性能退化显著等特点，因此，桥梁结构健康监测得到了广泛、深入和系统的研究与发展。目前国内外有关结构健康监测的研究多数以桥梁结构为背景。

随着我国经济和城市建设的飞速发展，我国大跨度桥梁的建设方兴未艾。然而，发达国家桥梁结构的服役经验表明，在经济腾飞时期建造的桥梁结构性能退化最为显著。借鉴和吸取发达国家基础设施建设的经验教训，我国政府、科研和技术人员十分重视大跨度桥梁结构的服役安全性，从而促进了我国桥梁结构健康监测系统的研究与应用。

对于投资规模较大的大跨度桥梁，在桥梁上布设健康监测系统，以便实时把握桥梁结构的受力状态和抗力衰减规律，是保证大跨度桥梁安全运营的重要和有效的一种手段。桥梁结构监测技术对于确保桥梁安全运营、延长桥梁使用寿命发挥着重要作用。桥梁健康监测系统通过实时监测发现桥梁病害,不仅能大大节约桥梁的维修费用,同时还能避免重大事故的发生,减少人员伤亡及财产损失。

(三)健康监测的意义

对于桥梁来说,进行结构健康监测的主要理论和实践意义如下:

1.设计验证,确保桥梁安全

在悬索桥、斜拉桥等大型桥梁的设计阶段,许多因素具有不确定性。这些因素包括:荷载方面,如风荷载的最大风速、功率谱主要成分、攻角及空间相关性等;汽车荷载的车型、轴重分布等;抗力方面,如加劲梁整体刚度、截面抗风特性等。另外,大型桥梁本身就具有力学和结构上的复杂性,在设计阶段完全掌握和预测结构的力学特性和行为是非常困难的。因此,在设计阶段通常采用较大的安全系数(也就是较大的设计冗余度)来保证桥梁的安全,然而大型复杂桥梁极限状态往往是动力失稳而非强度破坏,高的强度安全系数未必就能够保证桥梁的安全性。在桥梁上安装监测系统,不仅可以对荷载和结构响应进行监测,还可以为桥梁的静力和动力性能分析提供实时数据,从而对桥梁设计假设进行验证,判断桥梁的安全性。

大型桥梁通常所处地质条件复杂,结构体系上的创新更使得设计上无法面面俱到,因此,对这类桥梁的设计通常依赖于风洞试验、缩尺模型试验来进行动力学性能验证。健康监测系统的静动力数据可以反映理论模型是否满足实际情况、试验假设是否合理、设计是否科学。

2.及时发现桥梁损伤

国际上,结构健康监测领域的研究重心在于结构损伤识别。这些理论认为,结构健康监测的核心就是损伤识别,没有损伤识别能力的监测系统不是真正的监测系统。结构健康监测系统应该具有损伤识别能力,这是无可非议的,然而,现有的理论和实践水平还不能完全实现这个要求。这就要求结构健康监测系统实行开放式设计,在系统运营中能够不断吸收国内外相关的科研成果,同时在传感器布点以及采样频率选定时要考虑损伤识别的要求。

3.为桥梁维护管理提供技术依据

桥梁在使用过程中其结构承载能力不断退化,为了维持一定的服务水平,需要定期对桥梁进行维修。什么时候维修?每次维修采取什么维修方法?这两个问题的解决需要了解结构的健康状况和荷载状况。对于一般桥梁,通常采用人工检查的方式来获得这些信息，有时还可通过动静荷载试验对桥梁进行详细的结构评估。然而对于使用中的大型桥梁而言，仅仅依据人工检查获得的信息还不能对其承载能力进行较好的评估，而对其进行动静荷载试验由于激励源以及阻断交通的影响又往往不可行，所以安装桥梁结构健康监测系统，实时对桥梁进行"试验"便成了较好的选择。

4. 辅助桥梁日常交通管理

交通管理包括对重载车辆的管理和在大风地震情况下的交通管理：可在道路上安装汽车称重系统，及时发现超载车辆并拦截，避免超载车辆对桥梁造成损伤；可以通过安装风速仪和 GPS 来制定在不同风速下的交通管理规定。广东虎门大桥安装的 GPS 系统，其初衷就是在大风天气下对交通进行管理。

5. 促进理论研究的发展

桥梁结构健康监测系统，可以实时地记录一些重要数据，为桥梁学科理论研究的发展提供最重要的实测资料。例如，桥梁健康监测系统所记录的深切峡谷处的风速、风向为研究该地区的风场分布提供了依据，对地震过程中桥梁结构的振动响应的记录有助于桥梁抗震研究，对偶然船撞荷载以及桥梁响应的记录有助于研究桥梁在偶然荷载作用下的结构行为。由此可见，健康监测实测资料能够促进桥梁学科理论研究的发展。

（四）健康监测前景

为确保公路网络的畅通和大型桥梁结构的安全，对危桥和存在结构型缺陷的桥梁进行定期的检测是必需的。同时，随着"五纵七横"国家高速公路网建设和西部大开发战略实施的进一步深入，我国还将建设大量的公路桥梁，对新建桥梁结构进行荷载试验，以验证设计假定、监视施工质量和评定结构初始工作状态也是必需的。因此桥梁结构的健康监测技术在我国将具有巨大的市场需求。

另外，健康监测技术在大型建筑结构、水利结构、海洋结构、核电设施和管线设施等的检测中也具有十分广阔的应用前景。

二、桥梁健康监测研究

近年来，结构智能健康监测技术越来越成为重大工程结构健康与安全的重要保障技术，也越来越成为重大工程结构损伤累积乃至灾害演变规律的重要研究手段，同时也是发展重大工程结构全寿命设计理论和方法的重要基础。智能材料的出现、计算机科学和通信技术的飞速发展，促进了重大工程结构健康监测系统的数据采集、数据传输、数据管理及系统集成技术的研究与应用，使结构健康监测系统向实时性、自动化、集成化和网络化的方向发展。

早期的桥梁结构健康监测系统实际是桥梁结构施工监控和成桥试验系统在时间上的延伸。但由于传感元件的耐久性较差（一般只能使用几个月或几年），不能满足桥梁结构长期健康监测的要求，从而制约着桥梁结构健康监测系统的发展与应用。20世纪80年代后期，随着材料技术和大规模集成电路技术的发展，美国军方首先提出了"智能材料与智能结构系统"的概念，并开展了大规模的研究。所谓"智能材料与智能结构系统"是指以智能材料为主导材料，具有仿生命的感觉和自我调节功能的结构系统。20世纪90年代中期，美国国家科学基金会（NSF）推出了传感器技术的研究计划，并提出将智能传感器安装和（或）埋设于土木工程结构中，构成具有自感知特性的智能土木工程结构。显然，具有自感知特性的智能土木工程结构实际是结构健康监测系统的一种形式，两者具有密不可分的联系。在美国国家科学基金会的推动下，结构健康监测系统的研究引起了世界各国政府的高度重视，欧洲科学基金会（ESF）制订了"智能复合材料结构损伤识别"的研究计划，日本建设省制订了"智能结构系统"的研究计划，韩国科技部及我国的有关部门也都设立了相关计划用以资助结构健康监测系统的研究项目。

与此同时，美国国家科学基金会推动了中美、美日、美韩、美欧在结构健康监测及智能结构领域的国际合作研究。美国和中国以及美国和日本联合成立了结构健康监测研究工作小组，旨在推动结构健康监测系统的研究与应用。

（一）国外桥梁健康监测的研究与应用

在各国政府的资助下，智能传感器、智能分布式传感器、无线传感器、基于微机电系统（MEMS）的传感器得到了迅速的发展，并开始在桥梁结构健康监测系统中得到应用。在各种智能传感器中，光纤传感器、压电传感器和无线传感器得到了最广泛、最系统的研究。此外，人们还针对桥梁结构的主要损伤特点，开发了具有特殊功能的传感器，如裂缝传感器等。

发展智能传感器的目的是尽可能多地获得结构的真实响应和荷载，从而为结构损伤识别、模型修正和安全评定提供大量的基础数据。早在20世纪50年代，人们就开展了对结构损伤识别的研究，这一时期对结构损伤识别方法的研究基础是模态分析理论。1996年，美国国家实验室（LANL）总结了各种损伤识别方法，但由于结构模态参数对结构损伤并不敏感，近年来，更多的研究者采用智能算法和先进信号分析技术来发展结构损伤识别方法，如基于神经网络结构损伤识别方法、小波包变换损伤识别方法、基于信息融合技术的结构损伤识别方法等。然而，结构损伤的局部特性，加之所布设的传感器的数量远远低于结构的自由度数，使得准确识别、定位和评价结构损伤仍有相当的难度，因而结构损伤识别仍是结构健康监测领域具有挑战性的研究课题。

桥梁结构健康监测系统主要监测桥梁结构的响应、环境和荷载。其中，响应主要包括应变、位移、加速度、倾角、裂缝；环境主要包括温度、湿度、锈蚀、风速、地震、雨量；荷载主要包括车辆荷载。

采用的传感器主要有光纤传感器和应变片（应变）、位移传感器或激光位移计或水平仪或 GPS 系统（位移）、加速度传感器（加速度）、倾角仪（倾角）、热电偶（温度）、湿度计（湿度）、电位计（锈蚀）、风速仪（风速）、动态地秤（车辆）、拾振仪（地震）、雨量计（雨量）。此外，也可采用声发射系统对吊杆、拉索等构件进行损伤监测。

根据桥梁建造时间和安装健康监测系统的时间，桥梁健康监测系统还分为在新建桥梁上安装的健康监测系统和在在役桥梁上安装的健康监测系统。对前者而言，健康监测系统能够记录桥梁结构真实的受力状态；而对后者而言，健康监测系统只能记录活荷载作用下桥梁结构的受力状态，而无法记录结构自重产生的应力状态，目前还缺乏相应的基于健康监测系统的在役桥梁结构的安全评定方法。

（二）国内桥梁健康监测的研究与应用

我国桥梁结构健康监测系统的研究与应用始于 20 世纪 90 年代，依托我国大规模基础设施建设的背景，桥梁结构健康监测系统在我国得到了广泛的应用。与世界其他国家相比，我国的桥梁具有数量多、规模大的特点。

20 世纪 90 年代初期，我国开始较系统地开展结构健康监测系统的研究。在国家 863 高新技术计划项目、国家自然科学基金重大国际合作项目等的资助下，国内一些研究小组系统地开展了结构健康监测的研究。我国对结构损伤识别方法的研究相对较少，目前，只有哈尔滨工业大学、同济大学、华中科技大学、东南大学、大连理工大学以及福州大学等对结构损伤识别方法进行了一定的研究。

我国上海杨浦大桥、徐浦大桥等较早地安装了结构健康监测系统，但结构健康监测系统采用的是传统传感器技术。1998 年，交通部公路科学研究所进行虎门大桥的成桥试验，在成桥试验结束后将部分测试系统固定在桥梁结构上，以做长期结构健康监测，并连续进行了多年的定期监测。1999 年，我国江阴大桥建成，并安装了健康监测系统，随着健康监测系统研究的发展，2004 年，对该系统进行了改造升级。

三、桥梁健康监测组成

（一）传感器子系统

传感器子系统是指桥梁健康监测系统中所用到的传感器硬件设备，其测试的精确程度、灵敏程度是健康监测的前提：只有正确测试桥梁各个位置的静动力响应，才有可能对桥梁健康状态做出正确的评估。一般而言，传感器子系统由传感器、二次仪表及工控机组成，它能够将反映结构变化的数据以电信号的形式记录下来。

常用的传感器有测试风速的风速风向仪、测试温度的温度计、测试湿度的湿度计、测试加速度的振动加速度计、测试应变的光纤光栅应变仪、测试位移的GPS 等。传感器生产厂家不一，型号众多。随着仪器制造业的发展，传感器的精度相比过去已有很大的提高，以光纤光栅、GPS 等为代表的传感器基本能满足目前桥梁健康监测的需要，相比之下更需要关注的是如何合理地布置传感器，使得在符合经济基础的前提下，用最少的传感器测试出最多和最准确的信息。目前，关于传感器优化布置也有一些研究，如卡莫（Kammer）提出的有效独立法及基于损伤敏感性的优化布置算法和基于遗传算法、人工智能的优化算法。

（二）信号采集与传输系统

信号采集和传输系统的作用是将传感器以一定采样频率采集到的信号传输到监控中心，以便进行后续分析和处理。目前，桥梁健康监测信号采集系统主要有两种：第一种是集中式信号采集系统，数据采集卡是其关键，目前常用的数据采集卡有 ISA、PXI、PCI 总线等，这种信号采集系统成本低、速度快，但是稳定性一般；第二种是基于现场总线的分布式信号采集系统，这是一种基于公开化、标准化的信号采集系统，各开发商遵行同一规范，便于维护管理。目前常用的现场总线有 RS-485 总线、PROFIBUS 总线、LonWorks 总线、CAN 总线等，在桥梁健康监测中常用最后两种。分布式信号采集系统布线简单，易于维护，但成本较高。

信号的传输通常由现场总线硬件系统直接完成，这种依赖线缆传输信号的方法在短距离信号传输中有着很好的效果，适用于监控中心直接布设于桥梁附近的情况。但对于远距离信号传输，无线网络具有较强的优势。目前也有研究提出集群桥梁健康监测的概念，在这种情况下，无线网络更是无可替代。

（三）信号处理与分析系统

信号处理和分析系统的作用是对测试到的信号进行分析处理，提取能够反映桥梁结构损伤和退化的参数。桥梁健康监测信号的处理一般包含 3 个层面：信号预处理；基于傅里叶变换的信号稳态谱分析；信号的时频分析。信号预处理一般包括信号的滤波、去趋势项、重采样、统计处理等，其目的是去除噪声，提高信噪比；部分信号预处理可以通过硬件设备实现，另外一部分可以通过软件实现。基于傅里叶变换的稳态谱分析是信号处理中一种常用的方法，通过傅里叶变换可以将信号从时域转换至频域，观察其频率分布。时频分析则是信号时域和频域联合处理的一种方法，可以观察到信号的能量和频率在时间轴上的分布情况，常用于对非平稳信号的处理。

（四）结构分析与评估系统

结构分析与评估系统是桥梁健康监测的核心，其主要作用是利用信号识别反映结构变化的参数，并评估结构的健康状态。结构分析与评估系统包括结构模态参数识别、结构损伤识别和状态评估 3 个部分。模态参数是结构动力学最基本的参数，也是反映桥梁损伤的动力指纹，结构模态参数识别是进行桥梁结构损伤识别的前提；结构损伤识别是指识别出结构损伤的位置、程度，并以此进行相关报警程序；损伤识别是健康监测的核心，目前关于损伤识别的研究理论较多，包括动力指纹法、模型修正法、曲率模态法、刚度柔度法等，但目前损伤识别理论在实际应用中容易受到实测信号噪声的干扰，效果不甚理想。许多损伤识别理论仅限于数值模拟和室内试验，如何更好地应用于实际工程也是目前损伤识别的一个亟须解决的问题。状态评估包括综合评估、损伤评估和可靠度评估。结构分析与评估系统是土木工程师最为熟悉和关注的模块，它是健康监测的核心理论。

（五）健康监测软件

健康监测软件系统是直接与用户交互的平台，一个好的软件系统能够协调健康监测各个模块，使其发挥出最大的效益。健康监测需要实时在线连续运营，测试数据量巨大，因此如何存储这些数据并合理地管理，是健康监测软件系统重点关注的议题。目前，开发健康监测软件的工具有 LabVIEW/LabWindows、C 语言、Visual Basic 等。各种开发平台各有优势。而健康监测软件系统中的数据库开发可使用 SQL Sever、Oracle 等。桥梁健康监测系统由以上 5 个模块组成，各个模块之间紧密联系，缺一不可。

四、桥梁健康监测内容

（一）测点的布置原则

桥梁结构健康监测系统的监测功能将通过传感器系统来实施。传感器的测点布置决定了系统的功能和效率，从这两个角度出发，系统的测点布置应遵循以下两个前提原则。

第一，应从桥梁结构的特点和要实现的系统功能的角度出发进行传感器的测点布置，同时要考虑系统的经济性和可靠性。

第二，传感器测点的布置应以把握结构宏观量为目标，因此在建立桥梁结构健康监测系统的同时，必须考虑建立与之相应的桥梁检测制度以完善数据的收集，从而有利于更为准确地对桥梁结构的健康状况进行评估。

（二）桥梁结构健康监测系统的监测项目

①环境监测，主要是空气温湿度监测；

②荷载源监测（输入参数），主要是风荷载监测、交通荷载监测、温度荷载监测；

③桥梁响应监测（输出参数），主要是挠度、位移、应力、应变、拉索索力和振动监测。

五、桥梁健康监测的技术

（一）全球导航卫星系统检测及特点

全球导航卫星系统（GNSS）产业正在发展并且逐渐采用新的信号传输技术。由于采用了更加先进的 GPS 和 GLONASS 定位技术，GNSS 接收机具备了前所未有的高性能和高效率。它的主要特点和工作参数如下。

①厘米级定位精度。

② 0mniSTAR XP/HP 支持。

③易于集成系数和软件命令。

④未经过滤和平滑处理的伪距测量数据，噪声低、多路径误差低、时域相关性低和动态响应快。

⑤以太网连接便捷。

⑥极低噪声的 GNSS 相位载波观测值在 1 Hz 带宽内优于 1 mm 的精度。

⑦定位输出：1 Hz、2 Hz、5 Hz、10 Hz 和 20 Hz。

⑧环境工作温度：－40～＋75℃。

⑨存储温度：－55～＋85℃。

⑩初始化时间：＜10s（典型）。

⑪精度：水平为1 cm＋1 ppm；垂直为2 cm＋1 ppm。

⑫最快采样率：可选10 Hz、20 Hz。

（二）压差式变形测量传感器技术

LTG-Y压差式变形测量传感器由一系列含有液位传感器的容器组成，容器之间由充液管互相连通。基准容器位于一个稳定的基准点，任何一个容器与基准容器之间的高程变化都将引起相应容器内的液位变化。该系统特别适合那些要求高精度大量程监测垂直位移的场合，可以监测到0.1%FS的高程变化。

（三）电感式变形测量传感器技术

LTG-R电感式变形测量传感器是一种电感调频类智能型位移传感器，由多个精密液位计组成。普通型连通管适用于表面安装的建筑物多点沉降精密测量，全密封型连通管适用于埋设在结构体（或土体）内部进行多点沉降精密测量，适用于长期监测和自动化测量，可精确到0.1 mm。

基准容器安装于一个稳定的基准点，其他容器安装于与基准容器相同标高的不同测点，并用连通管连接。其原理是通过液位的变化，测量被测点相对参考点的沉降变形。

参考文献

[1] 王登杰.现代路桥工程施工测量 [M].北京：中国水利水电出版社，2009.

[2] 杜立峰，林建华.路桥工程试验检测 [M].成都：西南交通大学出版社，2010.

[3] 卜建清，严战友.道路桥梁工程施工 [M].重庆：重庆大学出版社，2012.

[4] 施尚伟，向中富.桥梁结构试验检测技术 [M].重庆：重庆大学出版社，2012.

[5] 聂重军，黄琼.道路与桥梁工程概论 [M].北京：中国建材工业出版社，2013.

[6] 周兴林，崔新壮.道路交通测控技术及应用 [M].北京：国防工业出版社，2013.

[7] 刘文峰.检测技术及仪器在桥梁健康监测系统中的应用 [M].天津：天津大学出版社，2013.

[8] 方诗圣，李海涛.道路桥梁工程施工技术 [M].武汉：武汉大学出版社，2013.

[9] 黄斌.路桥过渡段设计施工控制与病害防治 [M].北京：人民交通出版社，2013.

[10] 王天成.路桥工程测量技术 [M].北京：中国铁道出版社，2013.

[11] 杨化奎.寒区路桥工程施工技术 [M].北京：中国铁道出版社，2013.

[12] 张俊红.道路建筑材料 [M].重庆：重庆大学出版社，2020.

[13] 李栋国，张洪军.道路桥梁工程施工技术 [M].武汉：武汉大学出版社，2014.

[14] 盛海洋，邹定南.道路工程检测技术 [M].武汉：华中科技大学出版社，2015.

[15] 范伟.道路桥梁维修与加固 [M].徐州：中国矿业大学出版社，2016.

[16] 朱睿，田永许.路桥施工技术与项目管理 [M].北京：中国纺织出版社，2018.

[17] 任玉珍.浅谈路桥工程的试验检测技术 [J].四川水泥，2014（7）：48.

[18] 张欣娥.路桥工程试验检测技术问题与应用实践微探 [J].门窗，2017（1）：216-217.

[19] 张林丽.路桥工程试验检测技术的重要性微探 [J].居舍，2017（22）：57.

[20] 王姝迪.路桥施工试验检测技术的应用 [J].科学技术创新，2018（15）：113-114.

[21] 李保俊.试验检测技术在道路桥梁检测中的应用 [J].科技与创新，2018（14）：160-161.

[22] 白晓辉.浅析路桥工程中混凝土钢筋锈蚀检测技术 [J].民营科技，2018（3）：141-142.

[23] 卓成.路桥工程试验检测重要性与控制方法分析 [J].门窗，2019（24）：224.

[24] 王菊蕊.浅谈路桥工程试验检测技术存在问题和应用 [J].绿色环保建材，2019（8）：117-118.

[25] 张璜.路桥施工技术及质量控制措施探究 [J].黑龙江交通科技，2019，42（12）：211-212.

[26] 马恩宇.试析路桥施工检测技术的关键问题 [J].居舍，2020（10）：58.

[27] 程景芳.路桥工程试验检测技术应用问题与解决办法 [J].四川建材，2020，46（3）：47-48.